RÊL DITECTIFS!

Rêl Ditectifs!

Mair Wynn Hughes

GOMER

Argraffiad Cyntaf—1995

ISBN 1 85902 105 0

Dymuna'r cyhoeddwyr gydnabod cymorth
Adrannau'r Cyngor Llyfrau Cymraeg.

Derbyniwyd cyllid i sicrhau gwasanaeth Mair Wynn Hughes a Jac
Jones oddi wrth Grant Cynnal Addysg i ddatblygu'r Gymraeg yn ein
hysgolion.

Derbyniodd y plant gyfarwyddyd Jac Jones wrth baratoi'r lluniau.

Cyhoeddwyd dan gynllun comisiynu'r Cyngor Llyfrau Cymraeg.

Argraffwyd gan
J. D. Lewis a'i Feibion Cyf., Gwasg Gomer, Llandysul,
Dyfed.

Ysgrifennwyd y llyfr hwn
gyda syniadau a chydweithrediad
plant blynyddoedd 5 a 6
Ysgol Gymuned Bodffordd, 1993.

Michelle Griffiths

.THOMAS TONY grIFFIThs

Miriam Ussenbau

Karen Ann Jones

Dafid Cwyfan

Kelly Robertson

Niel Hassell

Donna Wyn Jones

Lisa Sian

Bethan Williams

1

'GWYLIA!' gwaeddodd Bethan.

Gafaelodd yng nghadair drydan Gareth a cheisio ei thynnu'n ôl ar y palmant wrth i'r car gwyn ruthro heibio iddynt.

'Wyt ti'n iawn, Gar?' holodd yn bryderus gan blygu i edrych ar ei wyneb.

'FFŴL GWYLLT GWIRION IDDO FO!' gwaeddodd Cai gan gamu i'r ffordd a cheisio craffu ar y rhif.

Ond roedd y car yn prysur ddiflannu yn y pellter, gan adael y pedwar ohonyn nhw'n grynedig reit ar y palmant.

'Wyt ti'n iawn, Gar?' holodd Mared y tro hwn.

'Ydw . . . siŵr!' meddai Gareth.

'Wel, mi fuo jest iti 'i chael hi rŵan,' meddai Mared yn feirniadol. 'Rhaid iti sbio cyn croesi fel pawb arall er dy fod ti mewn cadair arbennig. Ar dy ben yn yr ysbyty y buaset ti oni bai am Bethan.'

'Goryrru oedd o, 'te?' meddai Gareth.

'Ia,' ategodd Cai. 'Dydi gyrwyr fel'na ddim ffit wrth lyw car.'

'Mi ddylai pawb edrych cyn croesi,' meddai Mared mewn llais 'iawn pob amser'.

'HY!' oedd ateb Gareth.

Chwiorydd! Roedd o wedi hen flino ar siarsio gwybodus Mared. Meddwl ei bod hi'n gwybod popeth! Ond roedd o'n gwybod cymaint â hithau er ei fod o mewn cadair arbennig, ac yn methu cerdded. Y pen mawr iddi.

Symudodd y criw ymlaen ar hyd y ffordd yn dawedog. Diwrnod diwethaf y tymor oedd hi, ac roedden nhw'n edrych ymlaen at wyliau'r Nadolig.

'Brrr! Mae hi'n oer,' meddai Mared gan godi coler ei hanorac at ei thrwyn. 'Beth wyt ti'n ei wneud heno, Bethan?'

Ysgydwodd Bethan ei phen.

'Wn i ddim,' meddai. 'Mae Mam a Dad yn gweithio'n hwyr, yn tydyn, Cai?'

Nodiodd hwnnw heb gymryd llawer o sylw

o'i efell. Roedd o'n cerdded wrth ochr y gadair drydan gyda golwg synfyfyriol iawn ar ei wyneb.

'Mi gewch chi ddŵad i'n tŷ ni, os liciwch chi,' cynigiodd Mared.

Doedd Bethan ddim yn siŵr. Mi fuasai hi a Cai yn hoffi mynd i dŷ Gareth a Mared yn iawn. Ond roedd Mam a Dad wedi eu siarsio i fynd adre'n syth, ac i beidio â chrwydro i unlle wedyn nes y cyrhaeddai'r ddau ohonyn nhw tua wyth. Roedd hynny'n hwyrach nag arfer hefyd, am fod siopau'r dre ar agor yn hwyr cyn y Nadolig.

'Gwallt du,' cyhoeddodd Cai yn sydyn gan sefyll yn stond.

Safodd Mared a Bethan, a symudodd Gareth y lifar i atal ei gadair drydan.

'Gwallt du?' holodd y lleill yn ddryslyd.

'Gan yrrwr y car 'na, 'te? Ac wyneb cul, llwyd hefyd.'

'Ia,' ategodd Gareth.

'Chafodd neb amser i sylwi, y twps,' wfftiodd Mared yn wybodus. 'Mynd rhy gyflym, doedd? A ph'run bynnag, be 'di'r ots?'

'Mae Cai yn iawn,' meddai Gareth.

'Nac ydi, siŵr.'

'Ydi.'

'Nac ydi.'

'Yli. Rydw i'n arbenigo ar sylwi a defnyddio fy llygada. Rhaid i dditectif wneud,' meddai

Cai yn chwyrn. 'Ac mae sylwi ar bopeth yn *bwysig*!'

Dechreuodd pawb chwerthin.

'Wnest ti ddim defnyddio dy lygada cyn cychwyn croesi'r ffordd, naddo? A dy Wncl Elfed sy'n dditectif, nid y chdi, y ffŵl!'

Gwgodd Cai. Roedd o a'i fryd ar fod yn blismon wedi iddo dyfu i fyny. Ac roedd o am ymarfer sylwi a chadw'i glustiau'n agored a phethau felly er mwyn bod yn dditectif gwerth chweil hefyd. Gwgodd eto. Jest anghofio am eiliad ddaru fo gynnau.

'Beth petai gyrrwr y car 'na wedi cyflawni trosedd?' holodd. 'Wedi mygio rhywun, neu ddwyn o archfarchnad. Mi fuasai'r cip 'na gawson ni yn dystiolaeth bwysig.'

Ochneidiodd y genethod.

'Twt! Hidia befo am hynny rŵan,' meddai Mared. 'Beth am heno? Pam na wnewch chi ffonio o'n tŷ ni a gofyn gewch chi ddŵad hefo ni i'r ffair sborion?'

'Iawn!' meddai'r ddau yn falch.

Doedd dim llawer o hwyl mewn mynd adre a disgwyl am oriau i'w rhieni gyrraedd, yn nac oedd?

Roedd mam Mared a Gareth wrth y ffenestr yn eu gwylio'n cyrraedd. Brysiodd i dderbyn Gareth a'i gadair i fyny'r ramp a arweiniai at y drws.

'Iawn, 'ngwas i?' holodd yn bryderus.

Doedd Gareth ddim eisio iddi holi a gwneud sioe. Roedd o eisio bod fel pawb arall. Eisio cerdded a rhedeg a neidio fel ei ffrindiau yn lle bod yn garcharor yn ei gadair o hyd. Ond fedrai o ddim. Mi fyddai'n teimlo fel ffrwydro weithiau wrth weld ei goesau llipa a gwybod nad oedd dim nerth ynddyn nhw. Ond wedyn, roedd o'n medru gwneud lot o bethau, doedd? Yn enwedig gyda'i gyfrifiadur. Mi fedrai guro ei chwaer yn rhacs hefo hwnnw.

'Wrth gwrs fod Gar yn iawn,' meddai Mared yn ddiflas.

Soniodd yr un ohonyn nhw am y car yn cael ei yrru mor wyllt, nac am ba mor agos y bu Gareth at gael damwain chwaith.

Dim iws, nac ydi? meddai Mared wrthi'i hun.

Cuchiodd. Roedd ei mam yn ffwsio a phoeni gormod ynghylch Gareth yn barod. Fel petai neb ond y fo yn bwysig. A doedd hynny ddim yn deg.

Gwyliodd ei mam yn datod y strapiau a glymai Gareth yn y gadair, ac yna'n tynnu ei gôt a'i gap cyn ei godi'n sypyn yn ei breichiau a'i drosglwyddo i gadair olwyn.

'Gaiff Cai a Bethan aros i de a mynd hefo ni i'r ffair sborion heno, Mam?' holodd.

'Wrth gwrs, fe gawn nhw,' gwenodd Mrs Thomas. 'Ond beth am eu rhieni?'

'Mae Bethan am eu ffonio nhw rŵan i ofyn,' meddai Mared.

Roedd y ffair sborion yn agor am saith.

'Cofiwch chi ofalu am Gareth,' rhybuddiodd Mrs Thomas wrth iddynt baratoi i gychwyn. 'A byddwch yn ofalus wrth wthio'r gadair olwyn. Cofiwch ei bod wedi tywyllu.'

Plygodd i ofalu bod y strapen yn dynn am ganol Gareth. Yna lapiodd y rỳg yn glòs am ei goesau a thynnu'i gap blewog yn is tros ei glustiau.

'O . . . Mam!' cwynodd Gareth yn ddiflas.

Doedd o ddim eisio'r rỳg, na'r cap chwaith.

'Mi fyddwn ni yna cyn gynted ag y daw eich tad adre a chael ei swper,' meddai ei fam yn bryderus wrth wylio'r pedwar yn cychwyn ar hyd y palmant.

Cychwynnodd y criw yn ofalus ara deg nes cyrraedd y gongl.

'Eisio ras?' holodd Cai.

Nodiodd Gareth.

'Dyna ni, 'ta,' oedd yr ateb. 'HYP! RŴAN!'

Rhedodd fel 'randros gan bowlio'r gadair fel car rasio ar hyd y palmant.

Chwarddodd Gareth fel y chwipiodd gwynt oer y gyda'r nos heibio'i wyneb ac y gwibiodd goleuadau'r stryd yn rhibidires uwchben. Sbonciai'r gadair tros rychau'r palmant a lledaenai cryndod braf trwy'i gorff llipa. Caeodd ei lygaid am eiliad gan ddychmygu mai y fo oedd yn rhedeg ac yn pwmpio'i goesau fel piston peiriant.

6

'Grêt, 'te, Gar?' meddai Cai gan arafu o flaen
y neuadd.

'Grêt!' meddai Gareth er bod lwmp hiraethus
yn ei wddf.

Roedd y maes parcio'n llawn o foduron, ac fe
ddeuai murmur dwsinau o leisiau prysur o'r tu
mewn.

'Helpwch fi i'w chael i mewn,' gorchmynnodd
Cai.

Cododd ben blaen y gadair at y gris isaf o'r
tair a arweiniai at y drws.

7

'Tynnwch, wnewch chi,' grwgnachodd wrth fustachu i wthio'r gadair i fyny'r grisiau. 'Dydych chi'r genethod yn dda i ddim.'

'Rho socsan ynddi,' meddai Mared gan dynnu'n egnïol. 'Gafael di'n sownd rŵan, Gar.'

'Siŵr.'

Suddodd Gareth yn is i'w gadair wrth iddo gael ei wthio i mewn i'r neuadd. Doedd o ddim yn licio teimlo llygaid pawb arno. Bachgen cyffredin fel Cai oedd o er ei fod o'n garcharor mewn cadair olwyn. A doedd ganddo fo ddim help am hynny, yn nac oedd? Ceisiodd ddal ei ben i fyny'n gryf a balch.

'Pam na wnawn nhw feindio'u busnes?' chwyrnodd Mared o dan ei gwynt.

Er ei bod hi'n cael llond bol ar ffwsio'i mam, roedd Gar yn frawd iddi, doedd? A doedd dim eisio i bobl ei lygadu fel petai fo'n sioe.

Symudodd y pedwar yn araf o gwmpas y byrddau llwythog. Roedd stondin mân bethau yn y gornel.

'Yli, Mared! Eliffant!' meddai Bethan yn sydyn falch. 'A dim ond ugain ceiniog hefyd!'

Chwarddodd pawb. Roedd Bethan yn casglu eliffantod, ac yn eu cadw yn ei llofft. Roedden nhw'n rhesi ar ei bwrdd gwisgo a sil y ffenestr, ac ar ben y wardrob hefyd.

'Does gen ti ddim lle i ragor,' meddai Cai.

Ond ni wrandawodd Bethan. Gafaelodd yn yr eliffant tsieni a'i archwilio'n ofalus. Yna,

palfalodd yn ei phwrs ac estyn ugain ceiniog i'r gwerthwr. Lapiodd yntau'r eliffant yn deidi mewn darn mawr o bapur newydd.

'Diolch.' Trodd yn ôl at Mared. 'Doeddwn i ddim am ei brynu os oedd crac ynddo fo,' eglurodd.

Trodd at Gareth.

''Sgin ti le iddo wrth dy ochr, Gar? Rhag ofn iddo gael ei dorri.'

'Yli'r llyfr cyfrifiaduron 'ma, Gar,' meddai Cai wrth geisio symud y gadair at y stondin llyfrau. 'Sori! Esgusodwch fi!' meddai wedyn wrth ei thynnu drwy'r dyrfa.

Gafaelodd yn y llyfr a'i ddangos i Gareth.

9

'Ydi hwn gen ti?'

Ond roedd sylw Gareth ar gongl bellaf y neuadd.

'Hei . . . gwranda. Rydw i'n gofyn ers meitin. Wyt ti eisio hwn?' meddai Cai eto.

'Yli!' meddai Gareth.

'Yli be?'

'Fan'cw.'

Trodd Cai i graffu i'r un cyfeiriad. Beth oedd Gareth yn ei weld? Gweld fod ei rieni wedi cyrraedd? Yna sylwodd ar y dyn a siaradai hefo nhw. Dyn dieithr. Ond eto, doedd o ddim yn ddieithr chwaith.

Ar hwnnw roedd Gareth yn edrych, nid ar ei rieni. Dechreuodd meddwl Cai wibio. Roedd yr wyneb yn gyfarwydd, a'r gwallt du hefyd. Roedd wedi'i weld yn rhywle. Wrth gwrs! Dreifar y car! Roedd o bron yn siŵr mai y fo oedd o.

Plygodd a rhoi ei geg yn dynn wrth glust Gareth.

'Ar y dyn 'na wyt ti'n sbio? Wyt ti'n meddwl mai dreifar y car ydi o?'

Nodiodd Gareth.

Trodd Cai at y genethod.

'Hei!' meddai'n gyfrinachol ddistaw. 'Dreifar y car ydi nacw. Be mae o'n ei wneud yma?'

10

2

Ochneidiodd Mared.

'Rwyt ti'n boncyrs, Cai. Yn gweld dirgelwch ym mhobman. Mae gan pawb hawl i ddŵad i ffair sborion, siŵr.'

'Wyt ti'n gweld rhywun arall dieithr yma? Ffair i bobl leol ydi hi. A dydi hwnna yn neb lleol.'

'Sut gwyddost ti?'

'Am fy mod i'n adnabod pawb, 'te?'

Ochneidiodd y genethod. Waeth iddyn nhw heb â dadlau hefo Cai wedi iddo gael syniad yn ei ben.

'*Mae* o'n debyg,' meddai Gareth.

'Ond mae 'na lot o bobl yn goryrru. Dydi hynny ddim yn eu gwneud nhw'n bobl ddrwg,' dadleuodd Bethan.

'Mae gen i *deimlad* . . .' meddai Cai.

Dechreuodd y genethod giglan. Roedden nhw i gyd yn gwybod am deimladau Cai.

'Teimlad 'run fath â phan welaist ti'r lleidr hwnnw o'r rhaglen *Crimewatch* wrth fanc y dre?' holodd Bethan. 'A thrio perswadio Mam i ffonio'r heddlu?'

'Neu beth am y wats honno welaist ti yn siop *Bits and Bobs*? Roeddet ti'n siŵr mai un wedi'i dwyn oedd hi, a bod disgrifiad ohoni yn y papur newydd!' meddai Mared.

11

Gwgodd Cai. Camgymeriadau oedd y troeon hynny, 'te? Ond y tro yma . . . wel, roedd golwg y dyn dieithr yn amheus.

'Mi fedrwch chi chwerthin,' meddai'n guchiog. 'Ond rydw i'n *gwybod* fy mod i'n iawn.'

'C'mon, 'ta,' meddai Mared yn sydyn. 'Mi awn ni i siarad at Mam a Dad. Mi gei ei lygadu faint fynni di wedyn.'

Symudodd y pedwar yn araf trwy'r bobl.

'Ydi Gareth yn iawn, Mared?' holodd ei mam fel y cyrhaeddodd hi ychydig gamau o flaen y lleill.

'Ydi, siŵr,' meddai Mared.

Be fedrai ddigwydd iddo fo mewn neuadd yn llawn o bobl? Roedd ei mam yn ffwsio unwaith eto.

'Ydych chi wedi prynu rhywbeth?' holodd ei thad.

'Bethan wedi prynu eliffant,' meddai Cai.

Ond roedd ei lygaid ar y dyn dieithr. Roedd o'n berffaith siŵr mai fo oedd gyrrwr y car. Bron na ddywedai o wrtho am gymryd mwy o ofal hefyd. Sgrialu rownd corneli a dychryn pobl.

Trodd Mr Thomas at y dyn dieithr.

'Mr Preis, dyma ichi Mared a Gareth, ein plant ni. A Bethan a Cai, eu ffrindiau.'

Trodd yn ôl at y criw.

'Mae Mr Preis wedi dod i fyw i'r hen reithordy, ac yn awyddus iawn i ddod i adnabod pawb.'

Gwenodd Mr Preis wrth iddo edrych o un i'r llall.

'Ydw, wir. Eisio adnabod pawb a chartrefu yma o ddifri, yntê?'

Mi fetia i'i fod o, meddyliodd Cai yn ddrwgdybus.

Doedd o ddim yn licio'r dyn o gwbl. Roedd ei geg o'n gwenu a'i lygaid yn oer a chaled fel carreg.

Plygodd y dyn at Gareth fel y trodd Mr a Mrs Thomas i gyfarch rhywun arall.

'A SUT WYT TI, 'MACHGEN I?' meddai mewn llais uchel.

'Iawn, diolch,' atebodd Gareth er bod ei du mewn yn berwi.

Doedd dim angen iddo weiddi fel'na, yn nac oedd? Roedd o'n medru clywed a siarad fel pawb arall. Ac roedd ei ymennydd yn gweithio'n iawn hefyd.

Edrychodd Mr Preis ar y gweddill o'r criw.

'Rhaid ichi gymryd mwy o ofal ohono,' meddai. 'Oni bai fy mod i'n ddreifar gofalus y pnawn yma, wel... does wybod beth fuasai wedi digwydd.'

Ebychodd pawb yn anghrediniol. Y *fo'n* ddreifar gofalus? Wnaeth o ddim hyd yn oed arafu! A doedd ganddo fo ddim hawl i siarad am Gareth fel pe bai o'n dwpsyn chwaith.

'Mae Gareth yn . . .' cychwynnodd Mared yn reit chwyrn.

Yna brathodd ei thafod wrth i'w rhieni droi yn ôl atyn nhw.

'Beth sydd am Gareth?' holodd ei mam yn boenus ar unwaith.

Gwenodd Mr Preis.

'Eu rhybuddio i fod yn ofalus hefo Gareth druan oeddwn i,' meddai. 'Mae mor hawdd cael damwain wrth groesi heb edrych, yn tydi?'

Doedd Mrs Thomas ddim yn licio i neb alw Gareth yn 'Gareth druan', ond roedd hi wedi dychryn wrth glywed sôn am groesi heb edrych.

'Heb edrych? A finna wedi'ch rhybuddio chi i fod yn ofalus, Mared! Sut y medraist ti fod mor flêr?'

Hanner gwenodd Mr Preis eto.

'Peidiwch â phoeni, Mrs Thomas. Roeddwn i'n ddigon pell, ac yn dreifio'n araf iawn hefyd, wrth gwrs. Doedd dim perygl o gwbl.'

Agorodd Mared ei cheg i ddadlau'n chwyrn. Ond cafodd bwniad egr gan Cai.

'Stwffia fo,' meddai rhwng ei ddannedd.

'Wel . . . y celwyddgi iddo fo,' sibrydodd Mared yn ôl.

Edrychodd ar Bethan. Roedd golwg eisio ateb arni hithau hefyd. Ond fe wyddai pawb fod Mrs Thomas yn poeni digon am Gareth yn barod, a doedden nhw ddim eisio dadlau.

'Wel . . . mi a' i rownd y stondinau,' meddai Mr Preis. 'Mae'n dda gen i eich cyfarfod i gyd.'

A chyda gwên i gyfeiriad pawb, aeth at y stondin agosaf.

'Dyn manesol, hawdd iawn siarad ag ef,' meddai Mr Thomas. Trodd at ei wraig. 'Mae'n dda cael rhywun i fyw yn yr hen reithordy, yn tydi, Gwyneth?'

Ond roedd Mrs Thomas yn cofio am eiriau Mr Preis.

'Rydw i wedi dweud a dweud wrthyt ti am fod yn ofalus, Mared.'

Roedd y criw wedi diflasu. Ac erbyn hyn, nid Cai oedd yr unig un a gredai fod Mr Preis yn ddyn annifyr.

'Mi gwyliwn ni o,' meddai Cai pan oedden nhw ar eu pennau eu hunain unwaith eto. 'Ac os ydi o'n ddyn drwg, mi fyddwn ni'n siŵr o'i ddal o.'

3

Deffrôdd Cai cyn wyth bore trannoeth. Neidiodd o'i wely, a brysio i lofft ei chwaer.

'Hei! Deffra! Mae ganddon ni lot i'w wneud.'

Agorodd Bethan un llygad yn ddiog.

'Fel be?' holodd.

Yna caeodd ei llygaid drachefn a thyrchio'n ôl o dan y dillad.

'Cwyd!' meddai Cai gan afael yn y cwilt a rhoi plwc sydyn iddo.

'Dos o'ma,' cwynodd Bethan gan afael fel gelen ynddo. 'Mae hi'n wyliau. Be 'di'r brys?'

'Rhaid mynd i dŷ Gar a Mared yn syth ar ôl brecwast, a phenderfynu'r cam nesa hefo'r Mr Preis 'na,' meddai Cai yn awdurdodol.

'O . . . hwnnw,' meddai Bethan yn ddiflas.

Pa ots mai dyn annifyr oedd Mr Preis, meddyliodd yn gysglyd. Doedd hynny ddim yn ei wneud yn ddyn drwg, yn nac oedd? Agorodd ei cheg i drio dweud hynny wrth Cai, ond roedd hwnnw wedi diflannu am yr ystafell ymolchi.

Daeth llais ei mam o waelod y grisiau.

'Cai! Bethan! Brysiwch i gael brecwast. Rhaid ichi ddŵad efo ni i'r siop heddiw.'

Daeth gwaedd o brotest gan Cai wrth iddo frysio i'r landin.

'Ond . . . Mam . . .'

Gafaelodd yn wyllt yn ei drywsus pyjamas wrth i hwnnw lithro i lawr at ei fferau.

'Mam . . . fedrwn ni ddim. Mae ganddon ni lot i'w wneud heddiw. Mynd at Gar a Mared a . . . a . . .'

'Chewch chi ddim aros yma ar eich pennau eich hunain trwy'r dydd,' meddai ei fam. 'Rhowch draed arni.'

'O . . . fflip!' meddai Cai o dan ei wynt.

Dyna beth oedd rhwystr. A pham na fedren nhw aros gartref tra oedd Mam a Dad yn gweithio? Roedden nhw'n ddeg oed. Aeth i wisgo'n flin ei dymer.

Wel . . . doedd o ddim am fynd i'r siop heddiw. Dim affliw o beryg! Roedd yn rhaid cael cyfarfod brys i benderfynu beth i'w wneud nesaf, a *sut* i'w wneud o hefyd. Efallai yr aen nhw heibio'r rheithordy yn ddiniwed reit gan obeithio gweld rhywbeth od. Rhywbeth anghyfarwydd fuasai'n rhoi cliw iddyn nhw.

'Plîs . . . Mam. Gawn ni aros? Mi ddown ni i'r siop fory, yn gwnawn, Bethan? Mae Gar a Mared yn ein disgwyl ni. Rydyn ni wedi gaddo'n bendant. Wir yr! Ac mi fydd Gar yn siomedig ofnadwy, bydd?'

Edrychodd Mr a Mrs Rees ar ei gilydd. Yna plygodd Mr Rees ei bapur yn fwriadol a chodi ar ei draed.

'Wel, does dim amser i ddadlau yn fan'ma,' meddai. 'Mi gewch aros am y tro. Ond cofiwch chi fihafio'ch hunain a pheidio â bod yn drafferth. Gofalwch gloi'r drws cyn mynd allan, a rhoi'r allwedd i Mrs Thomas i'w gadw'n ddiogel.'

'A dowch adre cyn iddi dywyllu,' gorchmyn-nodd eu mam.

'Iawn, Mam,' meddai Cai.

'A bendith tad ichi cymerwch ginio cyn mynd i dŷ Gareth a Mared. Mae Mrs Thomas yn gwario ffortiwn ar eich bwydo chi. Mae 'na dun ffa pob yn y cwpwrdd. Cymerwch hwnnw.'

'Iawn, Mam,' meddai Cai eto.

Ond doedd o ddim yn bwriadu aros gartre tan ar ôl cinio chwaith. Mi fuasai'r diwrnod i gyd wedi mynd erbyn hynny.

Gwenodd yn glên ar ei fam.

'Iawn, Mam. Gwnawn, Mam. Siŵr iawn, Mam,' meddai gan wneud wyneb diniwed.

'Hm!' meddai ei fam.

Gwisgodd Mr Rees ei gôt yn frysiog gan gipedrych ar ei wats.

'A thro pwy ydi hi i lanhau caets Benji?' holodd. 'Y chi'ch dau oedd yn daer eisio bwji.'

'Tro Cai,' meddai Bethan. 'Ac mi gadwais i'r papur ges i am yr eliffant neithiwr iddo fo hefyd.'

'Mae digon o bapur i'w gael,' meddai Cai yn bwdlyd.

'Mae eisio ailddefnyddio, does?' meddai Bethan. 'Arbed yr amgylchedd a phethau felly.'

'Ble mae o, 'ta?'

'Yn y llofft,' meddai Bethan.

Stompiodd Cai i fyny'r grisiau'n swnllyd. Beth oedd o'i le ar llnau'r caets heno, yn lle gwastraffu amser rŵan?

'Benji Rees. Benji Rees. Hogyn da,' prepiodd Benji wrth i Cai afael yn y caets.

'Hy!' meddai Cai wrth weld y llanastr ar waelod y caets. 'Benji dweud celwydd wyt ti.'

Brysiodd i dynnu'r drôr o waelod y caets a phlygu'r papur newydd yn haen ar y gwaelod. Yna gosododd dudalen o bapur arbennig arno a rhoi ychydig o hadau yn y cafn.

'Barod?' holodd gan estyn am ei anorac.

'Ar ôl golchi llestri brecwast,' meddai Bethan. 'Mi gei di sychu.'

Rhewodd braich Cai hanner ffordd i lawr llawes ei anorac.

'Y fi? Be wnest ti tra oeddwn i'n llnau'r caets, 'ta?'

'Clirio.'

'Hy!'

Os oedd rhywbeth yn gas gan Cai, sychu llestri oedd hwnnw. Gafaelodd yn y lliain yn ddiamynedd.

'Brysia!'

Rasiodd y ddau trwy'r golchi a'r sychu a chau'r drws o'u hôl yn falch.

Roedd Mared yn disgwyl amdanynt.

'Dowch i mewn. Mae Mam yn codi Gar,' meddai.

'O!' meddai Cai yn siomedig.

Dratia! Roedd o wedi anghofio fod codi Gar yn cymryd cymaint o amser bob dydd. Roedd pwli arbennig i'w gynorthwyo o'i wely, ac i'w gadair wedyn. Ac, wrth gwrs, roedd yn rhaid i Mrs Thomas wisgo amdano hefyd.

'Hiya!' meddai Gareth wrth gael ei bowlio i'r lolfa.

Wedi i Mrs Thomas adael, edrychodd Cai o un i un yn bwysig.

'Rhaid inni ddechrau arni ar unwaith,' cyhoeddodd. 'Cadw llygad ar y Mr Preis 'na, a thrio darganfod mwy amdano fo.'

'Sut?' holodd Bethan. 'Fedrwn ni ddim jest stelcian o gwmpas y rheithordy, yn na fedrwn? A beth bynnag, mae hi'n rhy oer.'

'Ond mi fedrwn ni gerdded heibio, medrwn?' meddai Cai.

Cafodd syniad sydyn.

'Hei! Oes gen ti bêl, Mared? I mi gael smalio ei chicio trwy'r giât. Mi fydd yn gyfle ardderchog wedyn, bydd?'

Aeth Mared i'r lobi.

'Rydyn ni am fynd am dro, Mam,' galwodd. 'Dim angen i Gar gael ei gadair drydan. Mi gwthiwn ni o.'

Brysiodd Mrs Thomas trwodd ar unwaith.

'Peidiwch â loetran o gwmpas y pentre rhag ofn i Gareth gael annwyd,' siarsiodd gan sefyll ar stepan y drws i'w gwylio'n cychwyn.

Teimlai Gareth yn ddigalon fel y gwthiodd Cai ei gadair i lawr y stryd. Pam na fedrai gerdded a rhedeg fel ei ffrindiau? Roedd o *eisio* chwifio'i freichiau fel melin wynt, a neidio a sboncio nes roedd o wedi colli'i anadl.

Yna gwenodd yn benderfynol. Roedd o'n andros o giamstar ar y cyfrifiadur, doedd?

Yn fuan fe gyrhaeddon nhw at y ffordd fechan a arweiniai heibio'r rheithordy, ac ymlaen wedyn am y traeth.

Gostyngodd Cai ei lais yn gyfrinachol.

'Gwthia di'r gadair, Bethan,' meddai. 'A phan gyrhaeddwn ni'n nes at y giât, mi ddechreua i chwarae pêl. Ac os aiff hi i'r ardd . . . ar ddamwain . . . wel, mi fydd yn rhaid imi fynd i'w nôl, yn bydd?'

Edrychodd y gweddill ar ei gilydd. Ond doedd gan 'run ohonyn nhw syniad gwell.

'Reit, 'ta!'

Cododd Cai ei fawd arnyn nhw. Dechreuodd daflu'r bêl o law i law. Yn uwch ac yn uwch, a'i dal bob tro. Yna'n sydyn fe'i taflodd tros y giât gaeedig i'r ardd.

'Twpsyn blêr!' galwodd Bethan.

'Pwy wyt ti'n ei alw'n dwpsyn?' smaliodd Cai.

Winciodd arnynt cyn agor y giât yn dalog a cherdded trwyddi. Disgwyliodd y criw yn y ffordd. Disgwyl a disgwyl am funudau hir, hir. Doedd dim golwg ohono.

'Ble mae o?' holodd Mared gan sbecian trwy'r giât yn amheus.

Roedden nhw'n dechrau anesmwytho. Tybed a oedd Mr Preis wedi gafael ynddo a'i lusgo i'r tŷ? Efallai ei fod yn garcharor yno y funud 'ma!

Yn sydyn, daeth cyfarthiad uchel o gyfeiriad y tŷ.

Dychrynodd y criw.

'Mae o wedi gollwng ci arno fo,' meddai Mared. 'Be wnawn ni?'

Yr eiliad nesaf rhuthrodd Cai trwy'r giât. Roedd ei wyneb yn fflamgoch.

'Be . . .?' holodd pawb ar draws ei gilydd.

'Ci! Roeddwn i *yn* gafael yn y bêl pan glywais i o. Rhedwch!'

Gafaelodd yng nghadair Gareth a'i throi'n frysiog.

'C'mon,' gwaeddodd.

Ond cyn iddyn nhw symud cam, fe ruthrodd bwndel gwyn blewog rownd y gornel gan gyfarth yn wyllt. Sgrialodd i'w unfan wrth ochr y gadair olwyn ac ysgwyd ei gynffon yn egnïol. Yna cododd ei bawennau blaen a'u pwyso ar lin Gareth a dechrau llyfu ei law yn gyfeillgar.

'*Pwdl*!' chwarddodd Mared.

'A chdithau'n rhedeg fel ffŵl, y cwstard melyn iti,' giglodd Bethan.

Plygodd i fwytho'r pwdl.

'Yli ffrindia ydi o.'

'Be wyddwn i sut gi oedd o?' meddai Cai yn bwdlyd. 'Alsatian neu Rottweiler sydd gan bobl ddrwg fel arfer. Beth taswn i wedi fy llarpio?'

Daeth sŵn crensian traed ar lwybr yr ardd. Mr Preis! Edrychodd pawb ar ei gilydd heb wybod p'un ai rhedeg ta aros oedd orau.

'Hylô, blant,' meddai Mr Preis gan wenu. 'Mi wela i eich bod chi wedi gwneud ffrindiau hefo Siwsi. Ond sut agorodd y giât tybed?'

Gwridodd Cai.

'Fy mhêl i aeth trosodd. Sori.'

'Felly?' meddai Mr Preis.

'Ac mi ddois i trwodd i'w nôl,' eglurodd Cai yn gloff.

'Mi wela i,' meddai Mr Preis. 'A pham na fuaset ti'n cnocio i ofyn caniatâd?'

24

'Ym-mm!' meddai Cai gan chwilio am eglurhad yn wyllt. 'Sori,' meddai eto.

'Meddwl nad oedd neb gartref, efallai?' cynigiodd Mr Preis.

Gwridodd Cai fwyfwy. Oedd Mr Preis yn cael hwyl am ei ben? Oedd o'n amau mai busnesu oedd o yn yr ardd?

Miniogodd llais Mr Preis.

'Wel . . . dydw i ddim yn hoffi plant sy'n cadw reiat o gwmpas tŷ preifat,' meddai'n llym. 'Ac os gwela i chi yma eto, mi fydd yn rhaid imi ddweud wrth eich rhieni. Tyrd, Siwsi.'

Trodd ar ei sawdl, ac wedi cau'r giât diflannodd am y tŷ.

'Wel!' meddai Bethan. 'Arnat ti mae'r bai, Cai. Mi fydd Mam a Dad yn gandryll. Rwyt ti wedi cael y drefn o'r blaen am gicio pêl i ardd pobl.'

'Ond welsoch chi'i wyneb o?' holodd Cai.

'Do . . . trwyn a cheg a dwy lygad fel pawb arall,' wfftiodd Bethan.

'Ond mae o'n cuddio rhywbeth. Dwi'n *siŵr* 'i fod o.'

'Ydi. Rottweiler ac Alsatian,' chwarddodd Mared. 'Ond eu bod nhw wedi troi yn bwdl bach gwyn, y dela welsoch chi 'rioed!'

4

'Rhaid inni gael esgus i fynd yna eto,' meddai Cai.

'Ond mi glywaist be ddeudodd o,' meddai Mared.

'Ofn inni weld rhywbeth mae o, 'te?' meddai Cai yn bendant.

Gwthiodd y gadair olwyn ymlaen yn araf. Roedd o'n siŵr fod Mr Preis yn cuddio rhywbeth. Pam arall fygwth a ffwsio am fod pêl trosodd yn ei ardd? Efallai mai ysbïwr oedd o, neu rywun yn gwerthu cyffuriau? Petaen nhw ond yn cael rhyddid i chwilota yng nghefn y rheithordy, fuasen nhw fawr o dro â chanfod yr ateb.

'*Rhaid* inni gael esgus arall,' meddai. 'Yn bydd, Gar?'

Nodiodd Gareth. Roedd o'n gwenu'n ddistaw bach wrtho'i hun wrth feddwl am Cai yn rhedeg o flaen *pwdl*! A hwnnw'n bwdl cyfeillgar hefyd!

'Wn i ddim . . .' meddai Bethan a Mared ar un gwynt bron. 'Jest dyn annifyr ydi Mr Preis, nid dyn drwg.'

'Ond mae gen i *deimlad* . . .' cychwynnodd Cai.

'O . . . teimlad,' gwatwarodd pawb gan chwerthin.

'Mi a' i fy hun, 'ta. Os nad ydych chi'n coelio. A fi fydd wedi datrys y dirgelwch.'

Safodd y genethod yn stond.

'*Pa* ddirgelwch?' holodd Bethan. 'Wela i ddim dirgelwch. Weli di, Mared?'

Rhoddodd Gareth hwb araf i'w gap gwau.

'Mi wn i am esgus,' meddai.

Roedd o'n wên o glust i glust.

'Be?'

'Canu carolau, siŵr iawn. Mae criw'r eglwys yn mynd heno, tydyn?'

Tynhaodd Cai ei afael yn y gadair olwyn a dechrau rasio'n wyllt ar y palmant.

'Brêns. Dyna be sy gen ti, Gar. Llond dy benglog o frêns!'

Cyraeddasant y tŷ. Roedd Mrs Thomas yn disgwyl ar stepan y drws fel arfer.

'Iawn, Gareth?' oedd ei chwestiwn cyntaf.

Ochneidiodd Gareth yn ddistaw, ond ddywedodd o'r un gair. Beth oedd yr iws? Roedd ei fam yn mynnu ei drin fel rhywun methedig. A *doedd* o ddim yn fethedig. Ddim tu mewn. Methu defnyddio'i gorff fel pawb arall roedd o.

Bachodd ei fawd o dan ei gap gwau a'i dynnu'n llafurus. Brysiodd ei fam i'w helpu. Brathodd Gareth ei wefus. Dyna hi eto. Yn cau gadael iddo wneud dim ar ei ben ei hun. Tynhaodd ei gyhyrau'n ystyfnig.

'Rydyn ni am fynd i ganu carolau hefo criw yr eglwys heno, Mam,' meddai Mared.

27

Edrychodd Mrs Thomas yn syn.

'Canu carolau? Y chi?' holodd.

Roedd hi'n cofio'r cuchio a'r hel esgusion wnaethon nhw er mwyn peidio ag ymuno â chôr plant yr eglwys. A rŵan, dyma nhw am fynd i ganu carolau!

Craffodd arnynt yn ddrwgdybus.

'Mae o at blant Somalia, tydi?' meddai Mared gan groesi'i bysedd tu ôl i'w chefn am fod ei mam yn un dda am ganfod y gwir bob amser.

'Ydi,' meddai Mrs Thomas. 'Ond y chi am fynd i ganu? Wel! Wel!'

Aeth yn ôl i'r gegin gan ddal i ysgwyd ei phen.

'Fyddwn ni fawr o dro cyn datrys y dirgelwch,' meddai Cai. 'Tra byddwch chi'n canu, mi sleifia i rownd i'r cefn. Does wybod be wela i.'

'Rottweiler ac Alsatian,' meddai Bethan.

Cuchiodd Cai.

'Wn i ddim pam mae'n rhaid i ti gael sôn am hynna o hyd,' meddai'n chwyrn. 'Camgymeriad oedd o, 'te? Mi'r oedd Siwsi'n cyfarth fel Rottweiler, doedd?'

'Ia. Cyfarth yn fain ac uchel mae'r rheiny,' meddai Bethan.

'Yli di.'

Neidiodd Cai ar ei chwaer a'i bwrw ar garped y lolfa.

'Aww! Paid. Ildio. Wna i ddim dweud gair

eto,' gwaeddodd Bethan wrth i Cai eistedd arni a gwasgu'r gwynt o'i hysgyfaint.

'Bratha dy dafod, 'ta,' bygythiodd Cai. 'Neu mi ro i gwlwm ynddo fo.'

'Y chdi a phwy arall,' wfftiodd Bethan yn ddistaw.

Ond erbyn i'r ddau ymuno â'r criw canu carolau y noson honno, roeddent wedi hen anghofio'r ffrwgwd.

'Mi arhoswn ni yn y cefn,' meddai Cai'n isel. 'Fydd neb yn sylwi arnon ni wedyn.'

Ond roedd gan Mr Lloyd, y person, syniad arall. Estynnodd hances wen fawr o'i boced a

chwythu'i drwyn yn egnïol cyn dechrau trefnu'r canwyr.

'Dowch chi o'ch pedwar ar y blaen,' meddai gan blygu'n garedig tros Gareth. 'Mi ofalwn ni amdanat ti, Gareth, paid ti â phoeni.'

Crebachodd Gareth yn ei gadair. Doedd o ddim eisio caredigrwydd pobl yn gofalu amdano o hyd. Edrychodd yn gas ar Mr Lloyd. Ond roedd Mr Lloyd yn aildrefnu'i grafat ac yn cau botymau'i gôt ddu, laes yn ddiogel at ei wddf, ac yn gwisgo'i fenig gwau du rhag yr oerni, ac yn chwythu'i drwyn fel taran eto.

Plygodd Mr Lloyd i ailosod y flanced yn ddiogel tros lin Gareth, a gwasgodd ei ysgwydd am eiliad.

'Iawn, 'ngwas i?' meddai. 'Wyt ti'n ddigon cynnes?'

'Ydw,' meddai Gareth yn ddiflas. '. . . Diolch,' meddai wedyn.

Doedd o ddim yn teimlo fel diolch llawer chwaith. Roedd ganddo dafod i gwyno petai o'n oer, doedd? Pam roedd yn rhaid i Mr Lloyd ffwsio a thynnu sylw? Crebachodd yn is yn ei gadair.

Roedd Mr Lloyd yn trefnu a gorchymyn, a chwythu'i drwyn a sniffian wrth osod pobl yn eu lle cyn iddyn nhw gychwyn.

'Y plant i gyd o gwmpas Gareth,' meddai. Sniffiodd. 'Oedolion yn y tu ôl.' Estynnodd ei hances i disian. 'Rŵan, ydi'r fflachlampau a'r llyfrau carolau ganddoch chi?'

'O ... fflip!' grwgnachodd Cai wrth i Mr Lloyd afael ynddo a'i sodro'n styfnig ar y blaen.

'Be gebyst wna i rŵan?' sibrydodd yn ffyrnig wrth Gareth wedyn.

Ond roedd yn amser cychwyn. Cliriodd Mr Lloyd ei wddw'n gras.

'MMMmmm!' canodd i roi'r cywair iddyn nhw wrth i'r criw sefyll o flaen y drws cyntaf. 'O! Deuwch Ffyddloniaid, gyfeillion. MMMmmm!' canodd eto.

Roedd tu mewn Cai yn corddi wrth feddwl am y gorchwyl o'i flaen.

'Mi smalia i glymu carrai fy esgid wedi cyrraedd yno,' eglurodd yn isel pan gawson nhw seibiant rhwng dwy garol. 'A fydda i ddim chwinciad yn diflannu am y cefn.'

Ond chafodd o ddim cyfle am amser hir. Roedd Mr Lloyd yn benderfynol o gasglu lot o arian i blant Somalia er ei fod o dan annwyd trwm. Cerddasant a sefyll a chanu nes roedd eu gyddfau'n sych grimp, a'u traed yn stympiau oer. I fyny ac i lawr y strydoedd ... i'r stad o dai newydd wrth yr ysgol ... i'r garej a'r siop 'agor yn hwyr' ... ac ymlaen i'r siop sglodion a neuadd y pentre, lle'r oedd yna griw yn chwarae chwist.

Roedd y pedwar wedi syrffedu.

31

'Pam gebyst nad aiff o at y rheithordy?' holodd Cai yn flin.

'Wel, gyfeillion, rydyn ni wedi casglu'n anrhydeddus,' cyhoeddodd Mr Lloyd. 'Aaaatishw! Yn anrhydeddus iawn hefyd. Diolch yn fawr ichi i gyd.'

'Be?' holodd Cai gan fethu coelio'i glustiau. 'Mr Lloyd,' galwodd. 'Dydyn ni ddim wedi bod yn y rheithordy.'

Symudodd Mr Lloyd yn anniddig. Doedd o ddim wedi bwriadu mynd cyn belled â'r rheithordy. Roedd ei wddw'n brifo a'i draed yn oer, ac roedd o'n amau'n gryf tybed a oedd o'n clafychu am y ffliw.

Cliriodd ei wddf tenau'n swnllyd.

'Yymm! Rydyn ni i gyd wedi blino erbyn hyn,' meddai. 'Mi ga i gyfle i weld y perchennog newydd eto.'

'Ond *fedrwn* ni ddim peidio . . .' meddai Cai yn wyllt.

'Mi ddylen ni ganu i bawb,' meddai Mared yn gyfrwys.

'Rydw i'n siŵr 'i fod o'n hael hefo'i arian,' meddai Bethan.

'Ydi o wir?' holodd Mr Lloyd rhwng dau feddwl.

Efallai y dylai arwain y canwyr yno wedi'r cyfan.

'A mae o'n rhoi at achosion da,' meddai

Gareth. 'Roedd o yn y ffair sborion neithiwr, Mr Lloyd.'

'Oedd o, 'machgen i?' meddai Mr Lloyd.

Wir, os oedd bachgen mewn cadair olwyn fel Gareth yn barod i ganu ymlaen, doedd ganddo yntau ddim dewis, annwyd neu beidio.

'Ymlaen â ni felly,' meddai.

'Hwrê!' meddai Cai yn ddistaw gan wasgu ysgwydd Gareth yn arwyddocaol.

Cychwynnodd y pedwar ar y blaen.

'Byddwch yn barod pan ddeuda i,' gorch-mynnodd Cai yn bwysig.

Agorodd y giât a gwthio'r gadair olwyn i fyny'r llwybr am y drws ffrynt.

'Oo ... fflip!' meddai mewn llais uchel. 'Gwthia di gadair Gar, Mared. Mae 'ngharra i wedi datod.'

Gadawodd i'r canwyr fynd heibio iddo tra plygodd yntau tros ei esgid. Yna, edrychodd o

gwmpas yn wyliadwrus. Dyma ei gyfle. Cododd yn frysiog ddistaw a blaendroedio ei ffordd at gornel y tŷ.

Agorodd drws y ffrynt fel y dechreuodd pawb ganu. Safai Mr Preis yno a'i wyneb yn wên groesawus.

Disgynnodd Cai ar ei bedwar rhag ofn iddo ei weld. Dechreuodd gropian ymlaen. Fyddai o fawr o dro â throi'r gornel a chael gweld beth oedd yn y cefn. Efallai fod y car gwyn wedi'i barcio yno. Fe'i dychmygodd ei hun yn agor ei ddrws ac yn darganfod . . . be? Rhywbeth a brofai mai dyn drwg iawn oedd Mr Preis, roedd o'n siŵr o hynny.

Trodd y gornel a chychwyn codi ar ei draed. Owww! Syrthiodd ar wastad ei gefn fel y neidiodd bwndel bach gwyn i'w freichiau a dechrau llyfu pob modfedd o'i wyneb a'i ddwylo. Siwsi!

'Hei! Rho gorau iddi. Ych!' sibrydodd yn ffyrnig.

Ond roedd Siwsi wedi penderfynu mai ffrind oedd o, ac roedd hi'n cael hwyl ardderchog ar lyfu a chnoi clust a phinsio trwyn.

Ceisiodd Cai rowlio oddi wrthi, ond roedd Siwsi wrth ei bodd hefo'r gêm newydd. Neidiodd arno a chloi ei dannedd yn ei anorac. Dechreuodd dynnu a smalio ymladd, a llyfu a chwyrnu bob yn ail nes roedd Cai druan yn methu symud.

Gorffennodd y canu carolau, a daeth llais Mr Preis yn diolch iddyn nhw, a llais Mr Lloyd wedyn yn diolch am y cyfraniad.

'Diar! Ble mae Siwsi?' holodd Mr Preis yn sydyn. 'Dydw i ddim eisio iddi ddianc trwy'r giât. SIWSI!'

Roedd Siwsi yn adnabod y gorchymyn yn llais Mr Preis. A chydag un llyfiad cyfeillgar arall ar drwyn Cai, rhedodd am y drws ffrynt.

'Pwdl felltith!' chwyrnodd Cai wrth godi'n araf a sychu'i wyneb â'i lawes.

Sleifiodd i ymuno â'r canwyr.

'Be welaist ti?' holodd Gareth ar y ffordd adre.

'Dim,' meddai Cai yn swta.

'Dyna fo,' meddai Bethan. 'Roeddwn i'n dweud mai dyn annifyr ydi Mr Preis, a dim arall.'

'Be wn i?' meddai Cai'n ddiflas. 'Y ci 'na'n niwsans, doedd?'

'Y Rottweiler, ta'r Alsatian?' holodd Bethan gan roi pwniad i Mared.

'Y dwpsan Siwsi 'na,' meddai Cai.

'Siwsi?'

'Neidio arna i, 'te?'

Rhoddodd Bethan bwniad arall i Mared.

'Ia. Mae pwdls yn beryg,' meddai'n synfyfyriol. 'Yn enwedig rhai gwyn!'

Safodd Cai yn stond.

'Peidiwch chi â meddwl fy mod i wedi gorffen,' meddai'n bendant. 'Dyn drwg ydi Mr Preis, ac mi brofa i hynny hefyd.'

5

Roedd rhieni Cai a Bethan yn disgwyl llond lorri o nwyddau newydd i'r siop trannoeth. Ac wrth gwrs, roedd yn rhaid i'r ddau ohonyn nhw fynd yno i helpu.

'Am ddiflas!' cwynodd Cai o dan ei wynt gan edrych ar ei Gorn Fflêcs a llygadu'i rieni bob yn ail.

Doedd o ddim eisio mynd i'r siop. Nid heddiw, ac yntau eisio chwilio am fwy o wybodaeth am y Mr Preis 'na.

'Oes raid inni?' gofynnodd yn obeithiol.

'Oes,' meddai Mrs Rees.

'Ond . . . Mae gen i ddolur gwddw. Synnwn i ddim nad ydw i'n cael annwyd.'

Gwnaeth wyneb torcalonnus a dechrau bwyta'r Corn Fflêcs fel petai pob cegaid yn brifo'n ofnadwy.

'Mi arhosa i yma ar fy mhen fy hun,' meddai'n wantan. 'Rhag ofn imi fynd yn sâl yn y siop.'

'Rwyt ti'n dŵad, a dyna ben arni,' meddai ei dad. 'Mae digon o waith i'w wneud heddiw. Brysia. Bwyta dy frecwast, da ti. Mi fydd y lorri yna am naw.'

Ochneidiodd Cai yn ddiflas. Edrychodd ar ei dad trwy gil ei lygaid. Fedrai o fentro loetran rhagor a'i berswadio i newid ei feddwl?

'Cai!' Roedd ei dad bron â cholli'i limpin.

'Benji Rees. Hogyn da. Benji Rees,' prepiodd Benji o'i gaets.

'Cau dy big,' sgyrnygodd Cai o dan ei wynt.

'Gwastraffu diwrnod cyfan a ninnau'n cael gwneud dim,' sibrydodd wrth Bethan fel yr estynnodd ei anorac. 'Does wybod pa gliwiau gollwn ni.'

'Twt!' meddai Bethan.

Doedd dim ots ganddi hi orfod mynd i'r siop. Roedd hi'n dechrau blino ar syniadau twp Cai am Mr Preis, p'run bynnag. Ond un fel'na oedd Cai. Os cawsai syniad yn ei ben, doedd dim modd ei ddarbwyllo.

Roedd ar ben naw arnyn nhw'n cyrraedd y siop. Ochneidiodd Mr Rees wrth weld y lorri yn disgwyl amdanynt.

'Roeddwn i *yn* dweud,' meddai'n flin. 'Y chdi fu'n dili dalio uwch ben dy frecwast, Cai.'

'Rydw i yma ers meitin,' grwgnachodd y dreifar. 'Ac mae gen i sawl galwad i'w gwneud cyn heno.'

'Helpa dipyn am unwaith,' gorchmynnodd Mr Rees gan droi at Cai. 'Mi fuasen ni yma'n ddigon buan oni bai amdanat ti a dy ddolur gwddw.'

'Ia wir, Cai,' meddai ei fam. 'Agor y drws a chwyd y llenni tra bydda i'n gofalu am y gwaith papur.'

Roedd yn amlwg fod tymer ddrwg ar ei dad . . . a'r dreifar . . . a'i fam hefyd. A beth am Bethan? Doedd neb yn fyr eu tymer hefo honno.

'Wnes i ddim gwneud esgus dolur gwddw, naddo?' meddai Bethan yn slei.

'Cau hi,' bygythiodd Cai rhwng ei ddannedd.

Ond roedd llygaid barcud ei fam arno, ac roedd yn rhaid iddo fo a Bethan fihafio'u hunain, a gweithio a bustachu i dynnu sawl radio o'r bocsys a'u dodi'n ddestlus ar y silffoedd, a gosod disgiau a thapiau yn dyrrau siapus yn eu canol, ac estyn tecellau trydan a thaclau gwneud sglodion ac ugeiniau o haearnau smwddio i'r cwsmeriaid o'r stordy. A rhoi biro ac enw'r siop arni'n anrheg i bawb a brynai rhywbeth hefyd. A hynny *trwy'r dydd*!

Erbyn y gyda'r nos roedd y ddau wedi blino'n

llwyr. Ac wedi cael swper, doedden nhw eisio dim ond dringo'r grisiau a disgyn i'w gwelyau.

'Mi gewch aros gartre fory,' meddai Mrs Rees gan wenu.

'Hwrê!' meddai Cai o dan ei wynt.

'Aros yn dy wely trwy'r dydd fydd orau i ti, Cai,' meddai ei dad.

Disgynnodd gên Cai.

'*Aros yn fy ngwely*?'

'Hefo'r dolur gwddw 'na, wrth gwrs,' meddai ei fam.

Gwridodd Cai. Roedd o wedi anghofio popeth am ei esgus dolur gwddw.

'O . . . wel,' meddai'n gloff. 'Mae o wedi mynd rŵan, tydi?'

'Roeddwn i'n tybio y buasai fo,' meddai ei dad gan chwerthin.

Gwenu'n wannaidd ddaru Cai. Doedd dim eisio iddyn nhw *chwerthin*, yn nac oedd? Edrychodd i fyw llygaid Bethan fel y trodd am y grisiau. Os meiddiai hi ddweud rhywbeth, gwae hi! Ond wrth weld wyneb ei brawd, fe benderfynodd Bethan mai cau ceg oedd orau.

'Nos da,' meddai gan ddiflannu i'w llofft.

Ond roedd hi'n chwerthin yn ddistaw bach wrthi'i hun. Eitha gwaith â Cai am hel esgusion.

Roedd eu rhieni wedi cael diwrnod caled hefyd, ac roeddynt hwythau'n barod i fynd i'w gwelyau'n reit fuan er mwyn wynebu diwrnod prysur eto trannoeth. Yn fuan roedd pawb yn cysgu'n sownd.

Trawodd y cloc hanner nos . . . ac un . . . a dau. Deffrôdd Bethan yn sydyn. Roedd hi'n siŵr ei bod hi wedi clywed sŵn. Sŵn be, tybed? Clustfeiniodd. Roedd hi ar fin troi'n ôl i gysgu pan ddaeth y sŵn eto.

Roedd rhywun yn pwyso'n hir a thrwm ar gloch y drws. Neidiodd o'i gwely a brysio i'r landin.

'Mam! Dad! Deffrwch! Mae rhywun yna.'

Ond roedd ei thad yn baglu o'i lofft gan geisio stwffio'i draed i'w slipars a rhoi'r golau ymlaen 'run pryd.

'Ol reit. Dŵad rŵan,' galwodd yn ffrwcslyd wrth iddo gychwyn i lawr y grisiau.

'Be sydd?' holodd Cai gan faglu'i ffordd o'i lofft yntau.

'Rhywun wrth y drws,' meddai Bethan gan edrych yn ofnus tros ganllaw'r grisiau.

Erbyn hyn roedd eu mam wedi codi hefyd. Gwrandawodd pawb ar Mr Rees yn datod y clo ac yn agor y drws.

'Be? Be sydd?' holodd eu tad.

Clustfeiniodd pawb fwyfwy.

'Y siop? Mi ddo i yna ar unwaith.'

Tynhaodd eu mam strapen ei gŵn nos a brysiodd i lawr y grisiau. Dilynodd Cai a Bethan hi ar ras.

'Be sy wedi digwydd?' holodd eu mam yn ofnus.

'Rhywun wedi dreifio car i ffenest y siop a'i malu'n chwilfriw,' meddai Mr Rees. 'Rhaid imi fynd yno ar unwaith. Does wybod faint sydd wedi'i ddwyn.'

'Mi ddo i hefo ti,' meddai Mrs Rees yn benderfynol.

'A ninnau,' meddai Cai.

Roedd o wedi codi'i glustiau'n arw wrth glywed am y digwyddiad. Dyma gyfle iawn iddo ymarfer bod yn dditectif. Fe gâi eu gwylio'n chwilio am gliwiau ac olion bysedd a phethau felly. Anghofiodd bopeth am ei amheuon am Mr Preis. Roedd pobl ddrwg go-iawn wedi dwyn o'r siop.

'Wel . . .' meddai Mr a Mrs Rees gan edrych ar ei gilydd yn ddrwgdybus.

Ond doedden nhw ddim yn fodlon gadael Cai a Bethan yn y tŷ ar eu pennau eu hunain, a doedden nhw ddim eisio deffro'r cymdogion ganol nos i ofyn cymwynas chwaith.

'Brysiwch, 'ta,' gorchmynnodd eu tad.

Yn fuan roedden nhw'n trafaelio ar wib am y dre.

'Cymer ofal, Dic,' meddai eu mam wrth i Mr Rees sbarduno 'mlaen.

Ond roedd Mr Rees yn meddwl am y stoc newydd a gyrhaeddodd i'r siop y diwrnod cynt, ac yn poeni tybed a dalai'r yswiriant am bopeth. A beth am yr holl gwsmeriaid a fyddai eisio prynu nwyddau cyn y Nadolig? Fe gollai lond gwlad o fusnes.

Breciodd i'w unfan yn y stryd. Roedd dau gar heddlu yno'n barod a goleuadau glas yn fflachio ar eu toeau. Daeth un o'r plismyn atynt.

'Mr Rees?' meddai. 'Mae gen i ofn fod llanast ofnadwy yma. A nifer o bethau wedi'u dwyn mae'n amlwg.'

'Beth?' meddai Mr Rees yn anghrediniol. 'Y stoc Nadolig wedi mynd? Ond sut cawson nhw amser? A beth am y system larwm? Ddaru hi ddim canu? Oedd ganddoch chi ddim plismyn yn cadw golwg yn y dre 'ma?'

'Fedrwn ni ddim bod ym mhobman,' meddai'r plismon. 'Ac mi roedden ni yma mewn byr amser.'

Safodd pawb i edrych ar lanast y ffenestr.

42

Roedd y gwydrau'n chwilfriw ac olion car neu fen yn saethu trwyddi. A thu mewn, roedd y cownter yn ogwyddo'n gam ar ôl y trawiad, a'r silffoedd yn hongian oddi ar y mur.

'O . . . Dic!' meddai Mrs Rees wrth weld y fath olwg.

Gafaelodd yn ei fraich a golwg bron â chrio ar ei hwyneb.

Yn sydyn, daeth neges ar radio bersonol un o'r plismyn.

'Fen wedi'i darganfod yn wenfflam ar ffordd y mynydd,' meddai. 'Dyna fen y lladrad yn siŵr i chi. Ei llosgi i ddifa cliwiau, wrth gwrs.'

Roedd Cai yn glustiau i gyd. Dyma beth oedd gwaith plismyn go-iawn!

'Meddylia am wynebau Gar a Mared fory,' meddai wrth Bethan. 'Mi fyddan wedi'u synnu!'

'Ond ble mae fy nwyddau i?' holodd Mr Rees.

'Ar y ffordd i Lerpwl neu ryw dre arall, synnwn i ddim,' eglurodd y plismon. 'Gang broffesiynol oedd hon, yn gwybod eich bod wedi derbyn y nwyddau, ac wedi manteisio ar y cyfle i'w dwyn. Fen arall, neu efallai lorri'n disgwyl, trosglwyddo'r cyfan, llosgi'r fen wreiddiol, a ras oddi yma wedyn. Mae ganddon ni geir yn gwylio'r ffyrdd, wrth gwrs. Ond mae'n anodd iawn dal gang fel hyn.'

Ysgwyd ei ben ddaru Mr Rees, ac edrych yn ddigalon o gwmpas llanast y siop.

'Rhaid inni ddechrau twtio a chlirio tipyn,' meddai'n drymaidd.

'Mi fydd yn rhaid ichi fynd trwy'r stoc a rhestru'r hyn sydd wedi'i ddwyn,' meddai'r plismon. 'Ond does fawr o obaith darganfod olion bysedd, mae gen i ofn. Gang menig a mygydau oedd hon, y peth tebycaf. Mi driwn ni, wrth gwrs.'

Plygodd i godi nifer o biros o'r llawr.

'Mae'r rhain ym mhobman, Mr Rees.'

'Rhywbeth bach i ddiolch i'r cwsmeriaid oedden nhw,' meddai Mr Rees. 'Ond fydd yna fawr o gwsmeriaid rŵan, yn na fydd?'

Roedd yn hwyr y bore erbyn i'w tad gael bordio'r ffenestr ac iddyn nhw i gyd gael ychydig o drefn yn y siop. Erbyn hynny, roedd gan eu tad restr o'r nwyddau a ddygwyd, ac roedd Cai a Bethan wedi brwsio a thwtio nes roedden nhw'n sypiau blinedig. Ac roedd Cai bron â llwgu eisio bwyd.

'Mi gewch chi a'ch mam fynd adre,' meddai Mr Rees. 'Mi arosa inna yma i ddisgwyl y dyn yswiriant a rhagor o wybodaeth gan yr heddlu.'

6

Wedi cael brecwast a chinio'n un, roedd Cai a Bethan ar dân eisio mynd i dŷ Gar a Mared er mwyn adrodd yr hanes.

'Gawn ni fynd rŵan, Mam?' holodd Bethan.

'Wel . . . pwy sy fod i llnau caets Benji?' holodd Mrs Rees. 'Mae ei du mewn yn gywil-yddus.'

Roedd Cai yn wfftio wrth ei fam am sôn am beth felly, a hwythau wedi cael *lladrad* yn y siop.

'Tro Bethan ydi o,' meddai'n falch.

'Hy!' meddai honno'n ddiflas.

'Mi gewch fynd wedyn,' meddai Mrs Rees. 'Ewch â'r allwedd hefo chi. Rhaid i mi fynd yn ôl i helpu'ch tad.'

Brysiodd Bethan at gaets Benji.

'Hogyn da! Hogyn da! Benji bach!' prepiodd hwnnw gan sboncio o gwmpas ei gaets.

'Hogyn drwg yn baeddu,' dwrdiodd Bethan gan wneud wyneb 'ych-a-fi'.

Gafaelodd yn y dudalen fudr â blaenau'i bysedd.

'Iyc! Y chdi oedd eisio bwji,' grwgnachodd Bethan wrth daflu'r papur i'r bin.

'Chdi . . . y dwpsan,' meddai Cai.

'Y chdi.'

'Chdi.'

Rhythodd y ddau'n danbaid ar ei gilydd.

45

'Blant! Blant!' gwaeddodd eu mam yn flin o'r llofft. 'Rhowch daw arni'r funud 'ma.'

'Y fo oedd eisio fo,' meddai Bethan o dan ei gwynt.

Ond roedd hi'n ddigon call i beidio â dweud hynny'n uchel, yn enwedig gan fod ei mam wedi cyrraedd gwaelod y grisiau.

Wedi iddi orffen glanhau'r caets, brysiodd y ddau am gartref Gareth a Mared.

Cyraeddasant a'u gwynt yn eu dwrn. Cnociodd Cai yn egnïol ar y drws, a chamodd i mewn cyn i Mared gael cyfle i'w agor bron.

'Ble buoch chi?' holodd honno. 'Roedden ni'n eich disgwyl ers meitin. Esgus grêt gandd. . .'

'Mae ganddon ni *newydd pwysig* . . . a chynhyrfus hefyd,' broliodd Cai. 'Rydyn ni wedi cael lladrad yn y siop, Mared.'

Rhuthrodd ymlaen am y lolfa.

'Hei, Gar! Be feddyliet ti?' gwaeddodd ar dop ei lais. 'Ram raidyrs! Yn ein siop ni. Pentwr o bethau wedi'u dwyn hefyd, a llond y lle o blismyn.'

'Mi fuon ni yno am *oriau*,' meddai Bethan. 'A hynny yng nghanol nos hefyd.'

'Ac mi'r oedd gan y plismyn radio bersonol, ac mi ddaeth 'na neges trwyddi yn sôn am fen ar dân,' meddai Cai. 'Y plismon yn dweud mai fen y lladrad oedd hi'n siŵr, a'u bod nhw wedi'i llosgi hi i ddifa cliwiau, a dianc hefo'r pethau mewn fen arall.'

Gwenodd o un i'r llall a'i lygaid yn sgleinio.

'Mae bywyd plismon yn grêt, tydi?'

'Mae ganddon ninnau newydd hefyd,' meddai Gar. 'Esgus ardderchog i gael gwylio Mr Preis eto.'

'O . . . hwnnw!' meddai Cai heb fawr o ddiddordeb. 'Ond lladron *go-iawn* gawson ni yn y siop. Ram raidyrs! Lladron proffesiynol, yn gwybod yn iawn beth i'w ddwyn, meddai'r plismon. A chwsmeriaid ganddyn nhw'n barod, medda fo.'

'Ond gwrando am Mr Preis,' meddai Gareth. 'Rydyn ni eisio mynd yno rŵan.'

'I be?' holodd Bethan.

'I ddanfon gwahoddiad i swper. Mam a Dad yn credu y dylen nhw groesawu rhywun dieithr i'r pentre. Ond dydi'r ffôn ddim yn gweithio. Mi wnaethon ni gynnig mynd â'r gwahoddiad yno. Cyfle da, tydi?'

'Ia . . . ond dydi gwylio Mr Preis ddim mor gyffrous â ram raidyrs. A'r rheiny yn ein siop ni,' meddai Cai. 'Biti na fuaswn i wedi cael aros i wylio'r plismyn hefyd.'

'Yli,' meddai Bethan. 'Y chdi oedd eisio gwylio Mr Preis. Roeddet ti fel larwm yn chwilio am gyfle o hyd. A rŵan pan mae ganddon ni esgus ardderchog, dwyt ti ddim eisio dŵad.'

'Ia . . . ond mae lladron y siop yn bwysicach,'

meddai Cai. 'Hefo menig a mygydau, meddai'r plismon.'

Edrychodd y gweddill ar ei gilydd yn siomedig.

'Mi awn ni ein hunain, 'ta. Wyt *ti'n* gêm, Bethan?' gofynnodd Gareth.

'Ydw siŵr,' meddai Bethan gan edrych yn gas ar ei brawd. 'Mae Cai wedi mopio'i ben hefo'r ram raidyrs.'

Roedd pawb yn edrych yn gas arno erbyn hyn.

'O . . . ol reit,' meddai Cai. 'Ond mi fetia i mai gwastraff amser ydi o. Ond, wrth gwrs, y fi ydi'r dyn i ganfod y gwir.'

'Dyn? Babi pen mawr, rwyt ti'n ei feddwl!' wfftiodd Bethan.

Rowliodd Gareth ei gadair yn araf at y drws.

'A chdi mae Siwsi yn ei licio,' meddai'n slei. 'Ffrind iddi, dwyt?'

'Eisio ffeit, Gar?' holodd Cai gan wneud osgo peryglus.

Mi fuasai Gareth wrth ei fodd petai o'n medru paffio hefo Cai. Dychmygodd ddawnsio'n ôl a blaen a'i ddyrnau ar gau, a saethu ambell ddyrnaid sydyn at wyneb ei ffrind. Nid i daro o ddifri, wrth gwrs. Ond taro smal.

Gwasgodd ei ddannedd yn benderfynol a cheisio gorfodi ei ddwylo'n ddyrnau cryf. Ymdrechodd i anfon y neges i'w ddwylo. Plygwch! Caewch! Ond roedden nhw'n gwrthod ufuddhau. Lledaenodd siom trwyddo ond . . . doedd dim ots, meddyliodd yn benderfynol.

Cychwynnodd y pedwar am y rheithordy. Wedi cyrraedd, edrychasant trwy'r giât yn wyliadwrus. Safai car gwyn o flaen drws y ffrynt. Roedd Mr Preis gartre.

Dechreuodd Cai drefnu.

'Ylwch,' meddai wrth Mared. 'Mi gei di a Gar fynd at ddrws y ffrynt, ac mi sleifia inna am y cefn tra bydd Bethan yn aros yn y ffordd. Mi fydd Mr Preis yn meddwl mai dim ond chi o'ch dau sydd 'na. Ac os oes rhywbeth amheus, mi fydda i'n siŵr o'i sbotio fo.'

Nodiodd pawb. Roedden nhw wedi hen arfer ar drefnu di-ben-draw Cai. Aeth Gareth a Mared am ddrws y ffrynt a chanu'r gloch, tra sleifiodd Cai heibio congl y tŷ. Disgwyliodd nes y clywodd leisiau, yna brysiodd am y cefn a'r garej.

Llygadodd o'i gwmpas yn ofalus. Ond doedd yna ddim amheus i'w weld. Aeth at ddrws y garej a cheisio ei agor. Ond gwrthodai ildio.

Efallai y medrai sbecian trwy'r ffenestr a gweld beth oedd y tu mewn. Ond roedd yn rhaid iddo frysio. Wnâi Mr Preis ddim siarad yn hir ar stepan y drws a hithau mor oer. Brysiodd at ochr y garej. Ond roedd llenni ar draws y gwydr.

Dyna od, meddyliodd. Doedd gan ei dad ddim llenni ar ffenestr y garej gartre. A pham roedd

Mr Preis yn cloi'r garej a'i gar yn sefyll wrth ddrws y ffrynt? Dechreuodd ei galon guro'n sydyn. Efallai'i fod o'n cuddio rhywbeth?

Astudiodd y ffenestr eto. Roedd bwlch bychan yn y llenni. Reit ar y top, lle'r oedden nhw wedi gollwng o'r bachau. Efallai y medrai sefyll ar ben rhywbeth a chyrraedd i sbecian trwyddo.

Edrychodd o'i gwmpas. Roedd bin sbwriel wrth y wal. Ceisiodd ei godi a'i symud yn ddistaw at y ffenestr. Ond roedd o'n rhy drwm. Roedd yn rhaid iddo gael rhywbeth arall. Gwelodd hen ddrwm olew wrth bentwr o gelfi a bwysai ar wal y garej. I'r dim, meddyliodd.

Gafaelodd ynddo. Roedd yn wag ac yn hawdd ei symud. Rhoddodd ef o dan y ffenestr a dringo arno. Gafaelodd yn y sil a chyrraedd i lygadu trwy'r bwlch.

Fen oedd yn y garej. Fen las tywyll a honno'n fwd i gyd. Teimlodd Cai yn siomedig. Doedd dim o'i le mewn cadw fen mewn garej, yn nac oedd? Ond pam roedd hi mor fudr? Fel petai hi wedi teithio i rywle anghysbell.

I fyny'r mynydd! Yno y llosgwyd y fen arall. Oedd yna gysylltiad? Bu bron iddo â disgyn oddi ar y drwm olew yn ei gyffro. Oedd o wedi darganfod cuddfan y ram raidyrs?

Ond roedd y plismyn yn credu fod y nwyddau ar eu ffordd i Lerpwl neu rhyw dre arall, doedden? Efallai'u bod nhw'n camgymryd. A

50

bod y ram raidyrs yn cuddio reit o dan eu trwynau nhw.

Ymestynnodd i edrych trwy'r bwlch eto. Daeth sŵn sgrialu sydyn o'r tu ôl iddo a hyrddiodd rhywbeth ei hun yn erbyn y drwm olew. Siwsi! Dechreuodd y drwm wegian.

'Dos o'ma!' sibrydodd Cai yn ffyrnig.

Ond roedd Siwsi wedi canfod ffrind. Ceisiodd neidio at goesau Cai. Gwegiodd y drwm fwyfwy, a'r eiliad nesaf roedd Cai a'r drwm yn rowlio'n swnllyd ar y concrit, a Siwsi'n llyfu a chyfarth a sboncio o'u cwmpas.

'Aww!' meddai Cai rhwng ei ddannedd wrth i'r boen saethu trwy'i ffêr.

Ond roedd Siwsi wrth ei bodd. Cyfarthodd yn wyllt a cheisio llyfu trwyn Cai bob yn ail.

'SIWSI! *COME HERE, YOU DOPEY DOG*!'

gwaeddodd llais dieithr fel yr agorodd y drws cefn.

'SIWSI!' galwodd y llais eto.

Petrusodd Siwsi wrth glywed yr alwad. Brawychodd Cai. Roedd yn rhaid iddo guddio cyn i'r dyn ddŵad heibio'r gornel. Ond ymhle? Ac roedd ei ffêr yn brifo. Fedrai o ddim sefyll. Ac roedd sŵn traed ar y concrit, a'r rheiny'n nesáu at y gornel. Edrychodd o'i gwmpas yn wyllt. Y celfi a bwysai ar y garej! Roedd cilan fechan rhyngddynt a'r wal. Brathodd ei wefus wrth rowlio orau gallai atynt. Gwthiodd ei hun i'r gilan ar yr union eiliad y daeth dyn dieithr i'r golwg.

'*YOU SILLY DOG!*' dwrdiodd y dyn yn dymherus.

Plygodd i godi'r drwm olew a'i osod yn ôl wrth y wal.

'*COME!*' gorchmynnodd.

Ond roedd Siwsi yn gwybod fod Cai yn cuddio, ac roedd hi eisio gêm arall. Dechreuodd gyfarth ac anelu am ei guddfan.

'Dos o'ma. Plîs. Dos o'ma,' gweddïodd Cai gan gyrcydu'n fychan fach.

Mi fyddai ar ben arno petai'r dyn yn dilyn Siwsi ac yn ei ganfod yno. Chwiliodd yn wyllt am esgus. Pêl arall? Chwarae cuddio hefo'i ffrindiau? Colli'i ffordd? Colli'i gof?

Dilynodd y traed Siwsi. Gwasgodd Cai ei hun

yn dynnach at y wal a llyncodd boer nerfus. Roedd o'n siŵr o'i weld.

Roedd y dyn reit wrth y celfi erbyn hyn, a Siwsi'n ysgwyd ei chynffon a swnian crio wrth edrych i'w guddfan. Daliodd Cai ei anadl rhag gwneud unrhyw sŵn.

'*COME HERE*,' brathodd y dyn yn gas gan ysgubo Siwsi i'w freichiau. '*Chasing rats? Naughty dog*!'

Cafodd Cai gip o'i wyneb bochgoch a'r graith igam-ogam a gyrhaeddai at ei drwyn cyn iddo ymsythu eilwaith a throi am y tŷ.

Caewyd drws y cefn gyda chlep gan adael Cai yn swpyn chwyslyd rhwng y wal a'r celfi.

'Llygod mawr?' meddyliodd Cai yn anesmwyth.

Ceisiodd gipedrych y tu ôl iddo, ond roedd y guddfan yn rhy gul. Dychmygodd ewinedd miniog y llygod mawr yn crafangio i fyny'i gefn, neu'n dringo tu mewn i'w jins. Oedden nhw'n brathu? Ych-a-fi! Ymladdodd yn erbyn yr ysfa i neidio o'i guddfan, a'i heglu hi, doedd ots pwy a'i gwelai, am y ffordd fawr. Ond fe wyddai fod yn rhaid iddo aros. Aros nes y byddai'n berffaith ddiogel iddo fentro allan.

Disgwyliodd am amser hir. Clustfeiniodd. Doedd yna'r un smic yn unman. Gwthiodd ei hun o gysgod y celfi. Oww! Saethodd poen trwy'i ffêr. Fedrai o ddim symud. Ond roedd yn rhaid iddo. Cychwynnodd hopian ei ffordd yn boenus tua'r giât. Arhosodd yn sydyn. Doedd wiw mynd y ffordd honno, yn nac oedd? Ddim ac yntau'n gorfod hopian yn ara deg yr holl ffordd, yn lle sleifio. Mi fuasai Mr Preis neu'r dyn dieithr 'na'n siŵr o'i weld.

Trodd i chwilio'r gwrych y tu ôl i'r garej. Fedrai o ymwthio trwy'r drain? Roedd twll bychan ynddynt. Jest digon iddo fedru ymwthio trwodd. Brathodd ei wefus wrth i'r boen saethu i fyny'i goes.

Disgynnodd ar ei bedwar a gwthio'i hun yn drwsgl trwodd i'r cae. Rhwygodd draenen lewys ei anorac. Mi fyddai ei fam yn siŵr o ddwrdio. Ond doedd dim ots ganddo am hynny. Roedd o eisio cyrraedd adre a chael cysur ei fam yn gofalu amdano. Fe dynnai hi ei drainer a rhoi rhywbeth iddo i wella'r boen. Eisteddodd a'i gefn ar bwys y gwrych a rhwbio'i ffêr. Roedd hi'n brifo fel 'randros.

'Hist! Cai! Pam rwyt ti'n aros yn fan'na?' gwaeddodd rhywun yn isel o'r ffordd.

Bethan!

'Brifo'n ffêr,' meddai Cai yr un mor isel.

Daeth wyneb Mared i'r amlwg hefyd. Roedd y ddwy'n edrych yn syn arno.

'Sut gwnest ti beth mor wirion?' holodd Bethan.

Dringodd y ddwy i'r cae a rhedeg ato.

'Siwsi dwp felltith!' meddai Cai rhwng ei ddannedd.

Doedd o ddim eisio *gweld* pwdl byth eto. Yn enwedig un gwyn!

'Yli. Pwysa ar ein hysgwyddau ni nes cyrraedd y giât acw,' gorchmynnodd Bethan.

Symudasant yn araf am y ffordd. Roedd Gareth yn disgwyl yno a golwg boenus ofnadwy ar ei wyneb.

'Sut awn ni â chdi adre?' holodd Mared. 'Fedri di ddim cerdded yr holl ffordd, a fedrwn ninnau ddim dy gario di chwaith.'

'Deuda rywbeth newydd wrtha i,' meddai Cai yn gas. Yna gwenodd er ei boen. 'Ond mi welais i rywbeth diddorol,' meddai. 'Diddorol iawn hefyd.'

'Hidia befo am hynny rŵan,' meddai Bethan. 'Mynd adre sydd eisio.'

'Beth am iddo orwedd ar ei fol ar draws breichiau'r gadair,' meddai Gareth. 'A chi o'ch dwy wthio.'

'Wel . . . diolch yn fawr,' meddai'r ddwy mewn lleisiau 'llond bol' fel y gosododd Cai ei hun yn simsan ar freichiau'r gadair olwyn.

Edrychodd y ddwy ar ei gilydd. Bechgyn! O wel! Dechreuodd y ddwy wthio. Ymlaen ac ymlaen yn drafferthus nes roedden nhw'n chwys domen.

'Fedra i ddim gwthio rhagor heb seibiant,' cwynodd Bethan o'r diwedd.

'Na finna,' meddai Mared.

Safodd y ddwy yno gan anadlu'n drwm a rhwbio'u breichiau blinedig.

Daeth sŵn peiriant o'r tu ôl iddynt a throdd pawb yn obeithiol. Daeth car rownd y gornel ac aros wrth eu hochr.

'Wel! Wel! Pedwar ohonoch chi eto!' sylwodd y dreifar.

Disgynnodd gên pawb. Mr Preis oedd yno, ac roedd o'n gwenu'n glên.

7

Safodd pawb yn syfrdan. Gwenodd Mr Preis eto ac edrych ar Cai.

'Gwneud campau?' holodd.

'O na . . .' cychwynnodd Cai.

'Troi'i droed ddaru fo,' eglurodd Bethan.

Saethodd Cai olwg milain arni. Cau ceg ac egluro dim oedd eisio hefo dyn fel Mr Preis.

'Diar annwyl,' meddai hwnnw. 'A ble gwnaeth o beth felly?'

Roedd pawb yn ddistaw.

'Ymm ... jest ... disgyn,' meddai Cai yn gloff.

Wel, dyna oedd y gwir, 'te? Disgyn ddaru fo pan neidiodd y dwpsan Siwsi yn erbyn y drwm olew. A dyna lle'r oedd hi rŵan yn cyfarth ac yn ysgwyd ei chynffon ar y sedd ôl. Yn union fel petai hi'n gyfaill pennaf iddo fo. Fe deimlai fel sgyrnygu arni.

'Oedden nhw hefo chi gynnau?' holodd Mr Preis gan edrych yn graff ar Mared.

'Ymmm ... eu gweld nhw ar y ffordd wnaethon ni,' meddai honno'n euog.

Doedd hi ddim yn licio'r ffordd roedd Mr Preis yn edrych arni. Fel petai o'n gwybod yn iawn beth oedd wedi digwydd.

'Dyna gyfleus,' meddai Mr Preis.

Agorodd y drws a chamu allan.

'Mae'n well imi gael golwg ar y droed 'na,' cynigiodd.

Llithrodd Cai oddi ar freichiau'r gadair yn frysiog. Doedd Mr Preis ddim am gael cyffwrdd pen ei fys yn ei ffêr. Dim affliw o beryg!

'Mae hi'n well o lawer rŵan,' meddai. 'Mi fedra i gerdded yn iawn.'

'Tyrd imi dy weld ti wrthi,' gorchmynnodd Mr Preis.

'Rŵan?' holodd Cai.

58

'Rŵan,' meddai Mr Preis.

Gwasgodd Cai ei ddannedd nes roedden nhw'n crensian. Roedd o'n benderfynol y buasai'n cerdded heb hopian tase fo'n *llewygu* wrth drio.

Cymerodd gam neu ddau poenus gan ei orfodi'i hun i roi pwysau ar ei droed.

'Hmm!' meddai Mr Preis. 'Dŵad hefo mi yn y car ydi orau iti.'

'Na... dim diolch,' meddai Cai yn benderfynol.

'Wel ... arnat ti mae'r bai,' meddai Mr Preis. 'Fuaswn i fawr o dro â mynd â chdi adre.'

Camodd yn ôl i'r car ac i ffwrdd â fo.

'Wel ... y ffŵl gwirion iti,' meddai Bethan. 'Gwrthod reid a chditha wedi brifo dy droed.'

'Roedd o'n *gwybod*,' haerodd Cai yn sydyn. 'Yn gwybod ein bod ni hefo'n gilydd yn y rheithordy. Efalla mai wedi fy herwgipio fuaswn i, a fy nghadw'n garcharor.'

'Paid â siarad lol,' wfftiodd Bethan. 'I beth fuasa fo'n gwneud peth felly?'

'Fel gwystl, 'te?'

'A gadael y ni'n tri i ddweud yr hanes? Twpsyn!'

'Mae gen i reswm tros ei amau fo,' meddai Cai.

Dechreuodd egluro am y clo ar ddrws y garej, a'r llenni wedi'u tynnu ar draws y ffenestr, ac fel roedd yna fen tu mewn a honno'n faw i gyd.

Fel petai hi wedi bod i fyny ar y mynydd. A'r dyn dieithr . . . Sais, a ddaeth allan i ddwrdio Siwsi.

'Ia . . . ond . . .' meddai Mared. Ysgydwodd ei phen yn ddiflas. 'Dydi gweld fen mewn garej, a chlo ar y drws, a llenni wedi'u tynnu, a Sais yn aros yn profi dim byd.'

Tynnodd goler ei hanorac yn glòs at ei chlustiau a sniffiodd yn yr oerni.

'Wyt ti'n oer, Gar?' holodd fel y chwyrlïodd y gwynt o'u cwmpas.

'Nac ydw,' meddai Gareth er ei fod o'n dyheu am gael cyrraedd adref ac eistedd o flaen tanllwyth o dân. Roedd eistedd yn llonydd mewn cadair olwyn yn orchwyl oer iawn.

Ond roedd pawb yn teimlo'r oerni erbyn hyn ac yn barod i frysio ymlaen.

'C'mon, 'ta,' meddai Bethan gan afael yn y gadair a chychwyn.

'Hei! Be amdana i?' holodd Cai.

Gwnaeth Bethan wyneb difrifol.

'Am gerdded, dwyt?'

Ond wrth gwrs, roedden nhw i gyd yn gwybod na allai Cai gerdded adre. Fe'i hailosododd ei hun ar y breichiau a pharatôdd Mared a Bethan i wthio'r gadair unwaith eto. Roedden nhw ar gychwyn pan roes Bethan sgrech fach sydyn.

'Ylwch!' meddai. 'Be 'di hwn?'

Plygodd i godi rhywbeth o'r llawr ac estyn-

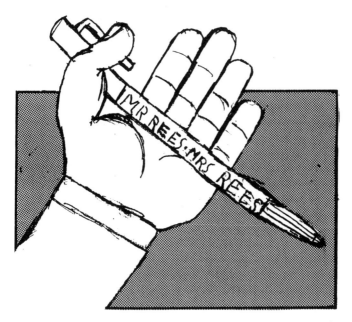

nodd ei llaw i'w ddangos i'r criw. Biro! Ac enw
siop rhieni Cai a hithau arno!

8

O ble y daeth y biro? O boced Mr Preis, ynteu
oedd o ar y ffordd yn barod?

'O'i boced o, siŵr iawn,' haerodd Cai.

'Welais ti mohono'n disgyn, naddo?' dadleu-
odd Gareth. 'Ac efallai mai un o gwsmeriaid y
siop gollodd o. Cwsmer iawn, yn byw yn y
pentre 'ma.'

Ond chawson nhw fawr o amser i ystyried
wedi cyrraedd cartre Gareth a Mared. Fe

ddychrynodd Mrs Thomas pan welodd hi ffêr Cai.

'Cai bach!' meddai wrth iddi dynnu'i drainer a gweld y cochni a'r chwydd. 'Rhaid iti fynd i'r ysbyty i gael Pelydr X ar hon. Mi ffonia i dy fam ar unwaith.'

Roedd sŵn wedi cael 'llond bol' yn llais mam Cai pan atebodd.

'Wedi syrthio? Troi'i ffêr! O diar! Be nesa?'

Ond roedd hi yno ymhen byr amser ac yn barod i fynd â Cai am yr ysbyty ar unwaith.

'Mae'n well i Bethan aros yma,' cynigiodd Mrs Thomas. 'Efallai y byddwch chi'n hir tua'r ysbyty. Mae'n brysur bob amser yn yr adran ddamweiniau.'

Ac, wrth gwrs, hir fuon nhw hefyd. Roedd yr adran ddamweiniau'n orlawn o bobl wedi brifo'u breichiau a'u coesau a'u bysedd a'u pennau, a'r rheiny i gyd yn disgwyl eu tro i weld y meddyg a chael triniaeth.

Ac yn waeth na dim, doedd dim diod na thamaid i'w gael nes i Cai weld y meddyg, meddai'i fam. Jest rhag ofn fod angen triniaeth o dan anaesthetig arno.

Ochneidiodd Cai wrth feddwl am y pethau pwysig oedd ganddo i'w gwneud gartre. Fel chwilio mwy i hanes Mr Preis a chadw llygaid barcud arno fo a'i symudiadau.

Ond fe siriolodd trwyddo pan ddaeth eu tro nhw o'r diwedd. Fe gafodd Belydr X ar ei ffêr, ac wedi iddyn nhw ddisgwyl am hydoedd wedyn, fe ddyfarnodd y meddyg mai ysigiad drwg gafodd o, ac nad oedd angen dim ond rhwymyn tiwb am ei ffêr, a thipyn o orffwys wedyn.

'Dim cerdded, na rhedeg, na chwarae am rai dyddiau,' meddai. 'A gofala gadw dy goes i fyny i ostwng y chwydd.'

'Ond . . . fedra i ddim aros felly . . .' cych-wynnodd Cai yn siomedig.

Ond roedd y meddyg wedi mynd at glaf arall heb wrando iotyn! Gwgodd Cai. Gorffwys am ddyddiau! Dyna garchar. Ac yntau wedi gweld y fen yng ngarej Mr Preis . . . a'r biro wedi disgyn o'i boced o . . . wel dyna roedd o Cai yn ei gredu beth bynnag. Cliwiau ardderchog. Ac yntau'n gorfod eistedd ar ei ben-ôl a'i droed i fyny yn lle chwilio am ragor. Roedd o wedi pwdu'n lân.

Cafodd ddwy faglen gan yr ysbyty, a dilynodd ei fam yn drwsgl araf yn ôl i'r car.

'A chymer ofal o hyn ymlaen, da ti,' rhybudd-iodd Mrs Rees. 'Rydyn ni mewn digon o helynt fel y mae hi.' Edrychodd ar ei wats. 'A rhaid imi fynd yn ôl i'r siop. Mae dy dad wedi cael addewid am ragor o nwyddau o'r warws, ac wedi llogi fen i'w nôl.'

Chafodd Cai ddim cyfle i adrodd yr hanes wrth Gareth a Mared. Roedd ei fam ar frys i godi Bethan a'u danfon adre, ac wedyn mynd i warchod y siop tra byddai'u tad yn mynd i'r warws.

Gosododd Cai ei hun ar y soffa'n wgus.

'Y dwpsan Siwsi 'na,' cwynodd. 'Oni bai amdani hi, fuaswn i ddim ar y baglau 'ma.'

'Na fuaset,' meddai Bethan.

'A rŵan . . . fedra i wneud dim . . .'

'Na fedri,' cytunodd Bethan.

'A mae fy ffêr i'n brifo hefyd,' meddai Cai. 'Yn ofnadwy, dallta di.'

'Ydi?' meddai Bethan.

'Ydi,' meddai Cai. 'Estyn gan *Coke* imi, wnei di?'

'Sut wyt ti'n gofyn?' holodd Bethan.

'Be?'

'Sut wyt ti'n gofyn?'

Edrychodd Cai yn hurt arni. Oedd hi eisio llnau'i chlustiau, ta beth?

'Yli,' meddai Bethan. 'Dydw i ddim am fod yn forwyn fach i ti am ddyddiau. Mi fedri ddweud "plîs", medri?'

'Ond rydw i wedi brifo.'

'Dydi dy dafod ti ddim wedi brifo, nac ydi?'

'Plîs, 'ta.'

Roedd Bethan wedi blino ar rwgnach a thymer ddrwg Cai. A doedd hi ddim yn mynd i redeg iddo fo chwaith. Nôl hyn a nôl y llall fel morwyn fach.

'A dy dro di ydi llnau caets Benji,' meddai.

'Y fi? Ond rydw i wedi brifo! A dy fwji di ydi o.'

'Bwji chdi.'

'Hanner bia fi, a hanner bia chdi. A dy hanner di sydd wedi baeddu'r caets.'

'Cer o'ma,' wfftiodd Bethan gan sodro'r bwrdd bach yn ddiseremoni wrth ochr y soffa, ac estyn y caets.

'Mi fedri'i llnau fo ar dy eistedd,' meddai.

'O . . . fflip!' meddai Cai'n dymherus. 'Tyrd â'r bin bach yma, 'ta.'

Cododd ar ei eistedd gan geisio gofalu cadw ei droed ar y glustog.

'Benji Rees. Benji Rees,' prepiodd Benji'n brysur. 'Hogyn da. Hogyn da.'

'Stwffia fo. Mi clywais i chdi y tro cynta,' meddai Cai'n flin.

Tynnodd y drôr bach gwaelod a thynnu'r papur arbennig oddi mewn. Rhoddodd ef mewn bag plastig a'i ollwng i'r bin. Efallai y buasai'n well iddo daflu'r hen bapur newydd o'r drôr hefyd. Estynnodd ei law i afael ynddo ond . . . rhewodd yn sydyn.

Roedd darlun yn y papur. Darlun o ddyn efo wyneb crwn a chraith igam-ogam yn cyrraedd at ei drwyn! Sais y rheithordy! Ond pam roedd ei lun yn y papur newydd?

Tynnodd y papur o'r caets. Dechreuodd ddarllen. YN EISIAU MEWN CYSYLLTIAD

Â NIFER O LADRADAU YN LERPWL . . .
SAMUEL LAMBERT, dyna ddywedai'r papur!

Bu bron iddo â gweiddi 'Hwrê!' Y fo oedd yn
iawn. Yn iawn o'r dechrau hefyd. Y fo ddaru
amau Mr Preis pan oedd pawb arall yn wfftio.
Y fo fu eisio ei wylio, a fo ddaru weld y Sais
hefyd.

'Rêl malwen, dwyt?' meddai Bethan yn
ddiamynedd. 'Faint gymri di i llnau'r caets?
Wythnos? Fedr hogiau wneud dim yn iawn.'

'Ond . . . yli!' meddai Cai. 'Yli'r llun 'ma yn
y papur.'

Edrychodd Bethan arno.

'Wel?'

'Dyna'r Sais welais i yn y rheithordy. Lleidr,

66

meddai'r papur 'ma. Samuel Lambert, ac ma'r plismyn eisio cael gafael arno fo.'

'Wyt ti'n siŵr?'

'Wrth gwrs fy mod i'n siŵr.'

Cipiodd Bethan y papur o'i law a'i ddarllen. YN EISIAU MEWN CYSYLLTIAD Â NIFER O LADRADAU YN LERPWL ... SAMUEL LAMBERT.

Roedd o yna mewn du a gwyn. Edrychodd y ddau ar ei gilydd.

'Be wnawn ni?' holodd Bethan o'r diwedd. 'Dweud wrth Dad? Neu'r plismyn?'

'Dim ffeiars!'

Roedd Cai yngholl mewn breuddwyd ardderchog. Roedd o'n gweld tudalen bapur newydd arall a darlun o fachgen deg oed arni. Cai Rees! Bachgen a ddaliodd ddau o ladron mwyaf Lerpwl! Wel ... gyda thipyn bach o help ei ffrindiau, wrth gwrs!

9

Roedd y radio ymlaen gan eu rhieni trannoeth.

'Lladrad arall yn y dre,' meddai Mr Rees. 'Does unlle'n ddiogel.'

'Ram raidyrs eto?' holodd Cai, yn glustiau i gyd wrth lithro gerfydd ei ben-ôl i lawr y grisiau a hopian at y gadair wedyn.

'Na. Cael mynediad trwy ffenestr yn y to wnaethon nhw, ddywedwyd ar y newyddion. Fideos a nifer o nwyddau trydan wedi'u dwyn, medden nhw. Gobeithio fod popeth y ddiogel yn ein siop ni.'

Ochneidiodd Mr Rees.

'Mae un lladrad yn fwy na digon.'

Edrychodd ar y cloc a chododd yn frysiog. Cael a chael fyddai hi ar Mrs Rees ac yntau i gyrraedd y siop erbyn naw.

'Cofia di beidio â rhoi pwysau ar y ffêr 'na heddiw,' gorchmynnodd wrth anelu am y drws.

'Fedra i ddim, na fedra?' meddai Cai.

Yna siriolodd.

'Ond mi ddaw Gar a Mared yma toc.'

Fe gyrhaeddodd y ddau ganol y bore.

'Wyt ti'n well, Cai?' holodd Mared wedi iddi hi a Bethan fustachu i godi cadair Gareth tros stepan y drws.

Am eiliad, fe ystyriodd Cai actio claf o ddifri, a chwyno nad oedd o wedi cysgu'r un winc gan y boen. Roedd o'n cofio fel y mynnodd Bethan

68

mai ei dro ef oedd llnau caets Benji er ei fod o wedi brifo. Ond ailystyriodd. Lwcus mai fo ddaru, 'te? Neu fuasai o ddim wedi gweld llun y Sais. Ac roedd hynny'n gliw pwysig!

'Ydw siŵr,' meddai. 'Ond fedra i ddim cerdded heb y baglau.'

Estynnodd y darn papur newydd a dangos llun Samuel Lambert.

'Hwn welais i wrth y garej ddoe,' eglurodd. 'Dyna pam mae'n rhaid i chi'r genethod fynd i gadw llygad ar y rheithordy.'

'Y ni?' Edrychodd y ddwy'n syn.

'Wel ... ia siŵr. Mae'n rhaid i rywun wneud, does? A fedr Gar na fi ddim.'

Suddodd Gareth yn is yn ei gadair wrth glywed geiriau ei ffrind. Fedrai Cai ddim cerdded a rhedeg heddiw, ond dim ond am ychydig ddyddiau fyddai hynny. Ond fedrai o, Gareth, byth adael ei gadair. Na helpu i ddal lladron chwaith.

'Ond does gynnon ni ddim esgus i fynd i'r rheithordy eto,' meddai Mared.

'Does dim angen esgus,' meddai Cai. 'Mi fedrwch chi sleifio trwy'r cae at gefn y garej a sbecian i weld beth sy'n digwydd.'

Doedd gan Bethan a Mared fawr o awydd mynd at y rheithordy. Roedd yn oer y tu allan, heblaw ei bod hi'n dechrau bwrw glaw. Ond roedd Cai yn benderfynol.

'Mi fuaswn i'n mynd fy hun petawn i'n medru,' meddai. 'Wrth gwrs, os oes arnoch chi ofn . . .'

Doedd Bethan a Mared ddim am wrthod sialens fel'na, er y bu bron iddyn nhw â throi'n ôl wedi agor y drws a gweld y glaw yn sboncio ar y palmant. Cychwynnodd y ddwy am y rheithordy yn anfodlon.

'Un cipolwg o'r cae, ac mi ddown ni adre,' addawodd Bethan.

Tynhaodd linyn ei chwcwll a chadwodd ei phen i lawr rhag y glaw a gurai yn erbyn ei hwyneb.

'Boncyrs! Dyna ydan ni,' cwynodd Mared. 'Iawn ar Gar a Cai, tydi? Maen nhw'n sych a chynnes.'

Cerddodd y ddwy'n gyflym heibio giât y rheithordy gan giledrych tua'r tŷ wrth fynd heibio. Tybed oedd Mr Preis yn edrych allan y funud honno ac yn eu gweld?

Roedd mwd a glaswellt gwlyb o dan eu traed wrth iddynt gerdded yn wyliadwrus am gefn y garej. Cyrcydodd y ddwy wrth y gwrych.

'Wela i ddim byd, weli di?' sibrydodd Bethan. 'Be wnawn ni? Mynd adre?'

Roedd hi wedi cael llond bol. Roedd hi'n wlyb . . . ac yn oer . . . ac roedd coesau llaith ei jins yn glynu wrth ei choesau. Ac ar Cai roedd y bai. Y fo a'i syniadau twp!

70

'Mi stwffia i trwodd i weld,' meddai Mared yn sydyn.

Gafaelodd Bethan yn ei braich.

'Be tase nhw'n dy weld?' hisiodd.

'Does 'na'r un ffenest na drws yn wynebu'r garej,' atebodd Mared. 'Fydda i ddim chwinciad.'

Ymwthiodd trwy'r bwlch yn y gwrych a symudodd yn ofalus at ffenestr y garej. Rhewodd wrth deimlo rhywun y tu ôl iddi.

'Fi sy 'ma,' sibrydodd Bethan yn ei chlust. 'Dwy neu ddim un i fentro, 'te?'

'Sssh!' sibrydodd Mared yn sydyn.

Roedd lleisiau yn y garej.

'. . . mymbl mymbl mymbl . . .'

Clustfeiniodd y ddwy ond fedren nhw ddim deall gair.

71

Gafaelodd Mared ym mraich Bethan ac arwyddodd arni i symud gyda hi yn nes at y drws. Roedd calonnau'r ddwy yn curo, ond wedi mentro yno, doedden nhw ddim am ddianc heb drio clywed.

'*Tonight!*' meddai llais Mr Preis. '*While I'm having supper with Mr and Mrs Thomas.*'

'. . . mymbl mymbl . . .' atebodd llais rhywun arall.

'*The rectory is a good hiding place,*' meddai Mr Preis.

Nesaodd y lleisiau at ddrws agored y garej. Rhedodd y ddwy ar flaenau'i traed am y gwrych ac ymwthio'n ôl trwodd, a chyrcydu'n isel yn ei gysgod.

'SIWSI!'

Daeth bloedd sydyn wrth i Siwsi gyfarth yn wyllt o'r ardd.

'Be gebyst sy ar y ci 'ma?' holodd Mr Preis gan frasgamu o'r garej. 'SIWSI!'

Petrusodd Siwsi cyn anelu am y bwlch.

Dilynodd Samuel Lambert Mr Preis o'r garej.

'*Mad dog,*' meddai. '*Why keep her?*'

Gwenodd Mr Preis.

'*Who'd suspect a respectable man with a nice friendly poodle?*' chwarddodd. '*Don't worry. I'll get rid of her when it's time to move on.*'

Cyrcydodd Bethan a Mared yn is fel y trodd Siwsi i'w cyfeiriad eto. Roedden nhw'n chwys domen ac yn ofni symud cam rhag ofn i Mr Preis eu gweld.

Ond chafodd Siwsi ddim cyfle i ymwthio trwodd.

'TYRD YMA!' bloeddiodd Mr Preis yn ddrwg ei dymer.

Gafaelodd yn ei choler a rhoi slap sydyn ar ei thrwyn. Cwynodd Siwsi'n dorcalonnus wrth garlamu am y tŷ.

'Y cena drwg iddo fo,' sibrydodd Bethan.

Daeth sŵn drws y garej yn cael ei dynnu ar gau, a thraed wedyn yn diflannu rownd y gornel am ddrws y cefn. Wedi disgwyl ychydig, cododd y ddwy'n anystwyth a brysio am y ffordd.

Cyraeddasant yn ôl i'r tŷ yn wlyb domen.

'Wel?' holodd Cai cyn iddyn nhw gau'r drws bron.

'Wel i tithau,' meddai Bethan yn bigog gan sychu'r diferion glaw o flaen ei thrwyn.

Stompiodd trwodd i'r gegin gefn a Mared gyda hi. Tynasant eu hanoracs a'u hongian yn yr ystafell olchi. Roedd eu jins a'u crysau chwys yn wlyb, a brysiodd y ddwy i'r llofft i newid i ddillad sych a'u dannedd yn clecian.

'Wel? Be ddigwyddodd?' holodd Cai yn ddiamynedd wrth i'r ddwy gerdded i'r lolfa. 'Ma' Gar a fi'n disgwyl ers meitin.'

'Ac yn sych a chynnes hefyd,' cwynodd Bethan. 'Mi fu jest i ni â *boddi*!'

Roedd Gareth yn disgwyl am yr hanes hefyd. Roedd o wedi eistedd yno'n dychmygu'r ddwy yn cerdded trwy'r glaw . . . ac yn sleifio ar draws y cae . . . ac yn cuddio y tu ôl i'r gwrych. Braf arnyn nhw!

'Hen gena ydi Mr Preis,' meddai Bethan. 'Taro Siwsi a dweud ei fod o am gael gwared ohoni. Dydi hynny ddim yn deg, nac ydi?'

'Mae Samuel Lambert yn mynd i wneud rhywbeth heno, tra bydd Mr Preis yn cael swper yn ein tŷ ni,' ychwanegodd Mared.

Dechreuodd y ddwy adrodd fel roedden nhw wedi sleifio bron at ddrws y garej, a chlywed Mr Preis a Samuel Lambert yn siarad.

'Heno? Am ei gwadnu hi am Lerpwl hefo'r stwff, neu am ddwyn rhagor, yn siŵr i chi,' meddai Cai.

'Dydi Mr Preis ddim am ddianc ac yntau'n bwriadu cael swper hefo ni,' meddai Gareth.

Edrychodd pawb ar ei gilydd. Roedd yn amser iddyn nhw ddweud wrth yr heddlu, doedd?

'Rhaid ffonio Wncl Elfed,' meddai Bethan.

Edrychodd pawb ar ei gilydd eto. Yna nodiodd Cai a gafael yn ei faglau.

'Mi wna i,' meddai.

10

Doedd Wncl Elfed ddim yn barod iawn i wrando pan ffoniodd Cai ef yn y swyddfa. Ond wedi i Cai ddweud ychydig o'r hanes, fe newidiodd ei lais.

'Mi ddo i yna rŵan,' meddai.

Eisteddodd y pedwar yn dawedog o flaen tân y lolfa. Wnâi Wncl Elfed goelio pan ddyweden nhw bopeth wrtho? A thybed fyddai o'n dwrdio am na fuasen nhw wedi sôn wrtho ynghynt?

Roedd ditectif arall gydag ef pan gyrhaeddodd. Wedi i Bethan agor y drws, brasgamodd y ddau i'r lolfa.

'Ditectif Phillips,' cyflwynodd Wncl Elfed y llall iddynt. 'Rŵan . . . dowch inni glywed y stori,' gorchmynnodd.

'Hmm!' meddai gan edrych yn arwyddocaol ar Ditectif Phillips wedi iddo glywed am y biro, a chael gweld y darlun papur newydd, a chlywed am yr hyn glywodd Mared a Bethan y diwrnod hwnnw. 'Tybed?'

Cododd ar ei draed.

'Gadewch chi bopeth i ni,' meddai. 'Mi fyddwn ni'n cadw gwyliadwriaeth fanwl arnyn nhw.'

Diflannodd y ddau'n ôl i'r car.

'Dydi o ddim yn deg,' cwynodd Cai yn flin. 'Y ni sydd wedi darganfod y cliwiau i gyd, a rŵan dydyn ni'n cael gwybod dim.'

Fe deimlodd y pedwar yn reit ddiflas am weddill y pnawn. Roedd yn dal i fwrw glaw pan ffoniodd Mrs Thomas i ddweud y deuai i nôl Gareth a Mared.

'Mi gewch chi wylio Mr Preis heno,' meddai Cai yn fwy diflas byth. 'Ond fydd Bethan a fi'n gwybod dim.'

Ond pan gyrhaeddodd Mrs Thomas, roedd hi eisio iddyn nhw ddŵad hefyd.

'Mae'ch rhieni am fod yn hwyr iawn yn y siop,' meddai.

'Hwrê!' meddai Cai yn ddistaw gan godi'i fawd ar Gareth.

Fe gyrhaeddodd Mr Preis am hanner awr wedi saith gyda thusw o flodau yn ei law a photel o win o dan ei fraich.

'Rhywbeth bach i ddiolch am y croeso,' meddai.

'Ffalsiwr,' meddai Cai o dan ei wynt.

Roedd y pedwar yn methu'n lân â pheidio ciledrych ar Mr Preis trwy amser swper. Roedd o'n bwyta a siarad a gwenu fel petai o'n ddyn mwyaf parchus yr ardal.

Roedden nhw i gyd yn eistedd yn y lolfa pan ddaeth curiad trwm ar ddrws y ffrynt. Aeth Mr Thomas i ateb.

Clywsant furmur lleisiau swyddogol, ac yna sŵn traed yn prysuro am y lolfa.

'Ond . . . rwy'n siŵr mai camgymryd ydych

chi,' meddai llais Mr Thomas. 'Mae Mr Preis yn . . .'

Neidiodd Mr Preis ar ei draed gan ddymchwel y bwrdd bach a'r gwydraid gwin arno oedd wrth ei ochr.

'O . . .' meddai Mrs Thomas yn ffrwcslyd.

Cododd gan feddwl nôl cadach i sychu'r llanast. Daeth Wncl Elfed a dau blismon gydag ef trwy'r drws agored.

'William Preis,' meddai mewn llais uchel. 'Rydw i'n eich arestio chi ar gyhuddiad o . . .'

Saethodd llaw Mr Preis at ei boced ac ymddangosodd dryll ynddi.

'Safwch draw,' gorchmynnodd yn gras.

Petrusodd y plismyn wrth weld y dryll.

'I'r ochr. Pawb,' gorchmynnodd Mr Preis eto gan amneidio â'r dryll.

'Peidiwch â gwneud pethau'n waeth,' meddai Wncl Elfed yn wyliadwrus. 'Ildio heb unrhyw helynt ydi orau ichi.'

Mentrodd gam araf ymlaen.

Chwipiodd braich Mr Preis am wddf Mared a thynnodd hi ato.

'Cam arall, ac mi ddefnyddia i hwn,' bygythiodd gan wthio baril y dryll yn erbyn talcen Mared.

Safodd pawb yn syfrdan.

'Ooo! Gollyngwch hi . . . plîs,' erfyniodd Mrs Thomas.

Lledaenodd gwên oeraidd tros wyneb Mr Preis.

'Ei gollwng? Wedi imi ddianc yn ddiogel. Efallai,' sgyrnygodd.

Taflodd gipolwg sydyn y tu ôl iddo. Doedd neb ond Gareth yno, a pha ots am hwnnw, meddyliodd Mr Preis. Bachgen mewn cadair olwyn oedd o, ac yn dda i ddim. Gwenodd yn ddirmygus.

Safai Cai yn simsan ar ei faglau. Efallai y medrai daflu un ohonyn nhw at Mr Preis, meddyliodd. Ond roedd llygaid craff Mr Preis arno, yn union fel petai'n darllen ei feddwl.

'Oddi wrth y drws,' gorchmynnodd Mr Preis. 'Un symudiad ac mi fydd hon yn gelain.'

'Awwww!' ebychodd Mared wrth i'w fraich dynhau am ei gwddf.

Dechreuodd calon Gareth guro'n fyddarol. Safai Mr Preis â'i gefn ato. Roedd o'n credu nad oedd o, Gareth, yn dda i ddim am ei fod o mewn cadair olwyn. Ond . . . yn ei gadair drydan roedd o heno, ac mi fedrai symud yn ddistaw hefo honno.

Dechreuodd ei du mewn grynu wrth iddo symud ei law yn anystwyth at y lifar. Roedd ei fysedd yn drwsgl araf wrth bwyso arno. Dechreuodd y gadair symud ar y carped. Yn araf . . . araf nesaodd at Mr Preis.

'Mae rhagor o blismyn y tu allan,' meddai Wncl Elfed gan geisio cadw sylw Mr Preis.

'Mae dryll a gwystl yn drech na phlismyn,' meddai Mr Preis yn ddirmygus.

Brathodd Gareth ei wefus fel y gwthiodd y lifer i'r pen. Llanwai siffrwd isel yr olwynion ei glustiau. Roedd Mr Preis yn siŵr o'i glywed. Jest mymryn bach eto . . . jest eiliad!

Trawodd y gadair yn erbyn coesau Mr Preis. Yn araf . . . o mor araf gwthiodd yn ei erbyn.

'Be gebyst . . .' dechreuodd Mr Preis.

Ond roedd y gadair yn gwthio . . . gwthio ymlaen, ac yntau'n methu a cadw ar ei draed. Gwegiodd yn ansicr am eiliad. Yna syrthiodd wysg ei gefn ar lin Gareth, a llithro wedyn fel lleden i'r llawr.

A chyn iddo gael cyfle i ddod ato'i hun, fe ruthrodd y plismyn ac Wncl Elfed amdano a'i wasgu i'r llawr. Cipiasant Mared a'r dryll o'i afael. A'r eiliad nesaf roedd gefynnau am ei arddyrnau ac yntau'n cael ei arwain yn ddiseremoni am y drws.

'Mared!' meddai Mrs Thomas gan ei chofleidio'n dynn. 'O . . . Mared!'

Yna trodd i gofleidio Gareth.

'Fy machgen dewr i,' meddai, bron â chrio.

'Whiw, Gar!' meddai Cai. 'Y chdi ydi arwr mwyaf Cymru, was!'

Gwenodd Gareth yn dawel. Fedrai neb ddweud nad oedd bachgen mewn cadair olwyn yn dda i ddim eto, yn na fedrent?

Roedd pawb yn siarad ar draws ei gilydd pan ddychwelodd Wncl Elfed i'r lolfa.

'Diolch iti, Gareth,' meddai. 'Roeddet ti'n ddewr iawn. A diolch i chi'r plant am fod mor llygadog. Mae'r ddau leidr yn y ddalfa, a'r holl nwyddau gafodd eu dwyn yn ddiogel yn y rheithordy. Mae rhes o gyhuddiadau yn eu herbyn, ac mi fydd carchar hir o'u blaenau.'

'Ond beth am Siwsi?' holodd Bethan yn sydyn.